dtv

Trojanow ist auf allen Kontinenten zu Hause: Wie seine Vorbilder Ryszard Kapuscinski und Egon Erwin Kisch ist er am liebsten unterwegs. Was Trojanow zu berichten hat, geht weit über die Schönheit der Landschaften oder die Fremdheit der Sitten hinaus. Er erzählt, wie die Menschen leben: in dem nicht zur Ruhe kommenden Afrika, in den alle Vorstellungen sprengenden Megacitys Indiens oder in anderen Ländern Asiens, die von Naturkatastrophen heimgesucht und von politischen Umwälzungen bedroht werden. Aber auch Bulgarien, das Land seiner Geburt, nimmt dieser geborene Reisende unter die Lupe – seine Schilderungen der alten Seilschaften in neuer Verkleidung lesen sich wie moderne europäische Gruselgeschichten. Neugierig, offen, kritisch und selbstkritisch – mit dem Autor des ›Weltensammlers‹ als Reisebegleiter sieht man die Welt in einem anderen Licht.

Ilija Trojanow, 1965 in Sofia geboren, floh mit seiner Familie 1971 über Jugoslawien und Italien nach Deutschland, wo sie politisches Asyl erhielt. 1972 siedelte die Familie nach Kenia über. Von 1985 bis 1989 studierte Trojanow in München, später gründete er hier den Kyrill & Method Verlag sowie den Marino Verlag. 1998 zog Trojanow nach Bombay, 2003 nach Kapstadt. Seine Bücher wurden mit zahlreichen Literaturpreisen ausgezeichnet, unter anderem erhielt er 2006 den Preis der Leipziger Buchmesse für den Roman ›Der Weltensammler‹ und 2009 den Preis der Literaturhäuser sowie den Würth-Preis für Europäische Literatur. Zurzeit lebt Ilija Trojanow in Wien.

Ilija Trojanow

Der entfesselte Globus

Reportagen

Deutscher Taschenbuch Verlag

Von Ilija Trojanow
sind im Deutschen Taschenbuch Verlag erschienen:
Der Weltensammler (13581)
Nomade auf vier Kontinenten (13715)
Die Welt ist groß und Rettung lauert überall (13871)
Autopol (24114)
Die fingierte Revolution (34373)
Angriff auf die Freiheit (34602)

Ausführliche Informationen über
unsere Autoren und Bücher
finden Sie auf unserer Website
www.dtv.de

2010
Deutscher Taschenbuch Verlag GmbH & Co. KG,
München
Lizenzausgabe mit freundlicher Genehmigung
des Carl Hanser Verlag
© 2008 Carl Hanser Verlag München
Umschlagkonzept: Balk & Brumshagen
Umschlagfoto: Thomas Dorn
Satz: Filmsatz Schröter, München
Druck und Bindung: Druckerei C. H. Beck, Nördlingen
Gedruckt auf säurefreiem, chlorfrei gebleichtem Papier
Printed in Germany · ISBN 978-3-423-13930-4

Inhalt

Vorwort 7

AFRIKA

Szenen aus der Savanne der Jugend 11
Oscar in Afrika 18
Eine Antonow über dem Niger 23
Nichts Schlimmeres als Alleinsein 29
Der Mensch und sein Wild 33
Eine erschreckende Stille lag über dem Land 44
Jede Regenzeit ein Neuanfang 46
Der Kampf um Bälle und Köpfe 53
Afrika – Kakafrik – Rikafa 59

INDIEN

Die Abschaffung der Armut 65
Götter klonen, Strichcodes lesen 75
Willkommen in Clintonnagar oder
   Kommt ein Präsident geflogen 85
Indien erlesen 88
Bombay Revisited 98
Die Heuchelei des Westens 110

ASIEN

Bali Mon Amour 123
Der Golfplatz in der Wüste 129
Der Zorn der Straße? 139
Augenblicke des Glücks 143
Die Verkostung der Welt 148

BULGARIEN

Bulgariens Kohlhaas 155
Belene – Erinnerungsreise in einen bulgarischen Gulag .. 161
Die Macht kommt aus den Dossiers 171
Wo der Staat Teil der Mafia ist 177

WEGWEISER

Das Netz von Indra 183
Die Wahrheit der verwischten Fakten 186
Die Einbürgerung der Pampelmuse 192

Vorwort

Geboren bin ich in Bulgarien. Aber schon mit sechs lernte ich die Fremde kennen. Seit jenem Tag, an dem ich mit Mutter und Vater in ein Lager kam, in dem in vielen unverständlichen Zungen gesprochen wurde, kann ich meiner Erinnerung vertrauen. Mit sechs wurde ich ins Unverständliche geworfen. Seither versuche ich mir einen Reim darauf zu machen. Kaum war ich verheimatet, wurde ich wieder herausgerissen, einer weiteren Fremde ausgesetzt – einem Auffanglager in Deutschland zunächst, dann einem Internat in Kenia.

Mit sechs saß ich in einem Flüchtlingslager nahe Triest und sehnte mich, durch die Eisenstäbe des Eingangstores hindurch, nach den bunten Spielzeugautos, die ich in der Auslage eines Geschäfts erblickt hatte. Ich stellte mir vor, wie ich in mein Coupé steigen und losbrausen würde, ohne Ziel, ohne Grenzen. Das ist für mich bis zum heutigen Tag das Sinnbild einer wahren Reise – die Ziellosigkeit.

Einige Wochen später schliefen wir – auf dem Weg nach Deutschland – in einem Kuhstall, weil die italienischen Behörden uns gegen unseren Willen nach Übersee aussiedeln wollten. Die Grenze zwischen Österreich und Deutschland erwies sich als schlecht gebundener Schnürsenkel. Mehrmals fragten wir Spaziergänger, in welchem Land wir uns denn befänden und erhielten mal Deutschland, mal Österreich zur Antwort. Bis wir aus dem Wald auf eine Landstraße traten und mein Vater angesichts der sauber geteerten Straße siegessicher verkündete, wir seien in Deutschland. Wir waren Illegale, auf der Flucht, aber ich spürte ein Gefühl der Verzauberung.

Auf dieser Flucht waren wir gewissermaßen nackt. Es ist ein Zustand, bei dem die Welt einen Abdruck auf dem eigenen Körper hinterläßt. Die Flucht endete in Kenia, einem Land, über das ich nichts wußte, von dem ich nichts erwartete, das mir so unbekannt war wie das Vogelgezwitscher, das mich am ersten Morgen nach der Ankunft begrüßte. Die Unvoreingenommenheit erwies sich als gesegneter Begleiter, der sich leider allzu gerne aus dem Staube machte.

Mit zehn starrte ich aus dem Fenster eines Flugzeugs auf der Rollbahn eines Flughafens in Europa. Wir waren gerade zum ersten Mal aus Afrika zurückgekehrt. So erstaunt war ich über den Anblick, der sich mir bot, daß ich ausrief: *Mami, hier arbeiten ja weiße Männer!* Es gibt keine Heimat, die nicht zur Fremde werden könnte, und umgekehrt. Es hat mich immer wieder erstaunt, wie selbstverständlich etwas werden kann, das anfänglich irritierend oder gar inakzeptabel wirkte.

Es gab Zeiten, da sehnte ich mich nach Rückkehr. Bis ich begriff, daß meine Herkunft kein Raum ist, der für mich reserviert ist, den ich nur aufsperren und entstauben müßte, um wieder einziehen zu können. Die Sehnsucht nach einer bereits erfolgten Ankunft wich den Reizen eines neuerlichen Aufbrechens.

Dieses Buch ist eine Sammlung solcher Aufbrüche aus zwanzig Jahren. Die Texte sind so unterschiedlich, wie die Reisen und die Sehnsüchte es waren. Selten war ich mit einem festen Auftrag unterwegs; den einen oder anderen Text schrieb ich zu einem bestimmten Anlaß. Ich habe für dieses Buch jene Texte ausgewählt, die einem persönlichen Interesse entsprangen und diesem auch heute noch entsprechen. So unterschiedlich sie auch sein mögen, sie erzählen alle von einer Welt, deren flimmernd ungewisse Vielfalt mich weiterhin gefangen hält und beglückt.

AFRIKA

Szenen aus der Savanne der Jugend

Nairobi 1981–1984

Lavington Green. Passion Fruit. Riverside Drive. Pineapple. Westlands. Mango. Der Morgen kalt auf hoher Ebene. Spring Valley. Neben der Tankstelle aufgereiht orangefarbene Kleinbusse der Firma Private Safaris. Der letzte Anstieg. Die Mädchen aus der ersten, aus der zweiten, aus der dritten Klasse, herausgeputzt, eingetüllt, *maridadi*, im vorderen Teil des Busses, knappe Blicke hinaus auf die Barfüßigen. Die letzte Kreuzung: Rechts hinab zu den Vereinten Nationen, UNEP, links hinauf nach Little Germany. Vor uns Kaffeeplantagen. Lauter VW-Busse auf dem Parkplatz. Ist Mount Kenya heute zu sehen? Von den Stufen, die zum Innenhof hinaufführen, ist an klaren Tagen der Sitz eines anderen Gottes auszumachen. Das beeindruckt die Neuen. Weimarer Republik bei fünfzehn Grad. »Homo faber« bei zwanzig Grad. Zur ersten Pause bricht die Sonne durch die Wolken. Der Kiosk, geradezu versteckt im hintersten Winkel. Cadbury oder Fudge? Evolution bei fünfundzwanzig Grad. »Sur le quai d'Amsterdam« bei dreißig Grad. Zur zweiten Pause schilt uns die Sonne, und wir starren an ihr vorbei. Basketball oder Rauchen? Sportsman oder Embassy? Eine Doppelstunde Logarithmen. Draußen zieht der Tag vorbei wie zäher Honig. Die Tage verschmieren. Irgendwann stürmt der Geographielehrer in den Klassenraum. Er scheint aufgeregt zu sein. Ob wir wüßten, wo die Etsch liege. Wir wissen es nicht. Ob irgendeiner von uns die deutsche Nationalhymne kenne. Keiner von uns. Eine Schande sei dies, jawohl. Das ist keine Frage mehr. Maski, die äthiopische Schönheit in unserer Klasse, kontert, dafür kenne sie die kenianische Hymne. Schließlich leben wir in Kenia und nicht in Deutschland, fügt Elly hinzu, halb Ghanaerin, halb Engländerin und schon ganz Frau. Ich bin Österreicherin, sagt Susi. Ich bin Engländerin, denkt sich Natasha. Wozu braucht man eine Hymne, fragt gelangweilt Stephan, seines Zeichens *Kenya Cowboy*, aufgewachsen am Bamburi Beach, erzogen im Internat in Kileleshwa, wo er jeden Tag mit »Cocain Around My Brain« und 50 Liegestützen beginnt. Der Lehrer läuft rot an, er schreit. Er scheint der festen Überzeugung zu sein, unser Lebensglück hänge von der Kenntnis der deutschen Hymne ab. Wir sollen sie unbedingt und sofort lernen. Wir weigern uns. Maski stimmt die kenianische Hymne an, auf Kisuaheli. Etwa die Hälfte der Klasse singt mit. Der Lehrer verläßt wütend den Raum. Dem Nationalismus sind die allerletzten Argumente ausgegangen.

Heimfahrt. Nairobi riecht nach Jacarandablüten. Der Baum, der in der Trockenheit erblüht. Die Stadt, die an den Fenstern vorbeirast, hat wenig Ähnlichkeit mit der Stadt des frühen Morgens. Bougeainvilleabüsche wuchern farbprächtig. Die Hausaufgaben liegen im Ranzen wie Blei. Akazien, breit gefächert. Der Busfahrer, Mr Shah, stets grimmig und grollend, ein Mensch, der Türen öffnet und schließt und die leichteste Andeutung von Unfug lauthals erstickt, der manchmal flucht, wenn ihm ein Landrover den Weg abschneidet, und der nur aus seiner Funktion zu bestehen scheint, bis zu jenem Tag spät im August, als ein Staatsstreich versucht wurde und im Radio Marschmusik lief, als geschossen wurde in der Innenstadt und am Flughafen, als in Vierteln, die wir nie besuchten, Grauenhaftes geschah, als die Menschen, die wir Banyanis nannten, ausgeplündert und ihre Frauen vergewaltigt wurden. Seit jenem Tag im August fluchte und schimpfte Mr Shah nicht mehr, er verstummte hinter seinem Lenkrad, es wurde gemunkelt, er habe seinen Sohn oder gar seine ganze Familie verloren, aber wir trauten uns nicht, ihn darauf anzusprechen. Beim Heranwachsen war die Idylle ein Firnis, der jederzeit aufreißen konnte.

Ayah. Karen. Koch. *Langata*. Askari. Huntington. *Shamba boy*. Das Mittagessen. Die Frische des Morgens ist verflogen, so als würde zu Mittag nur mit getrockneten Kräutern gewürzt werden. Kaum ist der Nachtisch verdrückt, kommt die leidige Frage nach dem Transport auf. Welche Mutter bringt hin, welche Mutter holt ab? Zum Tennis. Zum Swimmingpool. Zum Kino. Zur Trattoria. Unsere Emanzipation trägt einen klangvollen Namen: *Matatu*. Zuerst unerlaubt, dann mit zähneknirschender Zustimmung der Eltern. *Matatu*-Fahrten sind – für manche von uns – die seltenen Abenteuer einer heckenbewehrten Jugend. Eingequetscht zwischen ausladenden Mamas und den *tout* (Kundenanreißer, übersetzt der Duden Oxford) im Ohr, wie er schreit: *Twende ... haraka ... twende*. Aus den Boxen scheppern Reggae und Lingala. Schuldisco. Busfahrten extra organisiert von der Schule. Und eines Tages das erste Konzert von CIA. Wer erinnert sich noch an CIA, die Schulband? Die ein zweites Mal auftritt, bei dem Oktoberfest auf dem Rasen des deutschen katholischen Pfarrers, dort, wo heute die deutsche Botschaft ein vermeintlich bombensicheres Areal hingebaut hat, und unser Sänger, der einzige Kenianer in der Band, einfach nicht erscheint und wir verständnislos enttäuscht sind, auch weil er uns keine versöhnliche Erklärung bietet, bis mir Jahrzehnte später klar wird, wie er sich gefürchtet haben muß vor einem Auftritt in diesem Ghetto mit den Bratwürsten und dem Bier und den vielen gaffenden weißen Gesichtern, die in seinem Land leben, ohne wirklich anwesend zu sein. Und erst viele Jahre später verstehe ich, wie viel mehr Begegnung möglich gewesen wäre, wie viel mehr Kenia ich in mir tragen könnte, wenn Eltern und Lehrer uns weniger abgeschottet hätten.

Lavington Green. Papaya. Riverside Drive. Guava. Westlands. Banane. Gewachsen, gewachsen, immer weiter gewachsen. Die VW-Busse vor der Schule sind vollgepackt mit allem, was man zum Camping im Busch benötigt. Es ist also Freitag. Am Ende der sechsten Stunde, in einer erstaunlichen Umkehrung des Üblichen, stürmen – kaum schellt es – die Lehrer aus den Zimmern und hasten zu ihren Bussen. Die Safarilust treibt sie um, Wochenende um Wochenende, sie kommen ausgelaugt am Montagmorgen herein und erklären uns nachsichtig, sie hätten leider keine Zeit gehabt, die Schulaufgaben zu korrigieren. Kenia ist ein schöner Posten, und später, irgendwo im magistralen Deutschland, über ein Bier gebeugt, erinnern sie sich wehmutsvoll ihrer schönsten Berufszeit. Auch dies ist bemerkenswert: daß manche Schüler Kenia besser kennen als die Lehrer, und somit bezüglich des Landes, in dem beide leben, die Wissenden sind. Inversionen allenthalben. Und Unsicherheiten. Jomo Kenyatta und Helmut Schmidt. Harambee. Daniel arap Moi und Helmut Kohl. Kenya Juu. Tom Mboya. JJ Kariuki. Ngugi wa Tiong'o. Njonjo. Ouko. Tote über Tote, draußen vor der Hecke. Wir erfahren vom Faschismus, nur ist der Faschismus aus den Schulbüchern schon ein halbes Jahrhundert alt. Wir wollen über unser Land, über Kenia diskutieren. Schließlich fotokopiert der Klassenlehrer einen mutigen Leitartikel aus der Zeitung »The Standard« – der Autor sitzt schon im Gefängnis – und gibt ihn uns zu lesen. Wobei er uns beschwört, es insgeheim zu tun, mit niemandem darüber zu reden. Peace Love & Feigheit. Nyayo House, in dessen Kellern Regimegegner gefoltert werden. Kein einziges Wort darüber im Unterricht. Andererseits lesen wir, auf Initiative des Englischlehrers, einen kenianischen Autor, Meja Mwangi: »Going Down River Road«. Eine Offenbarung. Es gibt ein Leben, das weit über Runda Estate, Parklands Club, Wilson Airport und Diani Beach hinausreicht. Stephan, der *Kenya Cowboy*, schlägt vor, wir sollten selber in die verkommene River Road gehen. Um *changaa* zu trinken, das Gebräu für die billigsten Sehnsüchte. In einer der Kaschemmen. Wir nehmen es uns monatelang vor. Was reden wir nicht darüber. Bis wir lesen, ein Dutzend Menschen sei nach dem Genuß von selbstgebrautem *changaa* erblindet. Der Plan stirbt, wie auch der Plan, an der East African Safari Rallye teilzunehmen. Waldegaard. Joginder Singh, The Flying Sikh. Mehta Mehta Mehta.

Bock. Faust. Doppelbock. Kommando Bimberle. Der Zug nach Mombasa, abends um fünf und um sieben. Giraffen. Höhlenwanderungen am Mount Suswa. Gnus. Die steinige Leere am Turkana-See. Gereneks. Klassenfahrten sind umstrittene, heftig umkämpfte Aufbrüche. Der Lehrer M., der mit uns durch die Chulu Hills wandern will, mit Masai als Begleitung und Ziegen als Proviant, ein Vorhaben, das an einigen Mädchen scheitert, die es sich nicht vorstellen können, Tiere zu schlachten, zu denen sie eine persönliche Beziehung aufgebaut haben, und an einigen Eltern, die es sich nicht vorstellen können, ihre Kinder in die Obhut von Wilden zu geben. Wir fahren statt dessen in den Norden. In eine Dürre hinein. Unser Entsetzen über die ausgemergelten Gestalten, die uns so verzweifelt anbetteln, als hinge ihr Leben davon ab. Die unvergeßliche Trauer von ausgetrockneten Flüssen. Im Jahr darauf bricht unser Bus im Schlamm des Mount-Elgon-Nationalparks zusammen. Johannes der Wiener macht sich auf zum einen Parktor, ich zum anderen. Wenn es dunkelt, rufen die Geräusche des Busches alle Ängste zusammen. Paviane und Vögel, die stimmlich aufschneiden. Dann endlich der Aufstieg zum Mount Kenia. Die Erschaffung der Welt zum Sonnenaufgang vom Point Lenana aus. Büffel. Die zerbrochenen Farben auf dem Lake Magadi. Oryxe. Die Migration im Masai Mara. Zebras. Die Absturzstelle am Ngorongoro-Krater. Die häßliche Collage eines hübschen jungen Mannes an der Fassade der Michael-Grzimek-Schule. Kein Heiligenkult. Nie wird uns erklärt, wer Namensgeber unserer Schule gewesen ist. Wir finden es selber heraus: Frankfurter Zoologische Gesellschaft, Tiere Tiere Tiere, Zählungen, und Einheimische, die deswegen das Paradies verlassen mußten. Safari, ursprünglich eine Reise des Menschen, in Ostafrika: seine Reise zu den Tieren.

Als wir Kenia verlassen müssen, heulen wir am Jomo-Kenyatta-Airport, weinen während des gesamten Fluges und verbringen die ersten Jahre in Kaltland in Gedanken an eine baldige Rückkehr. Wir feiern Retro-Parties in Bad Honnef und Wolfratshausen, »Jambo jambo bwana«, »Malaika« und immer wieder »Cocain«. Aber Spliffs sind in Kaltland schwer zu besorgen. Wir leiden eine Weile, dann finden wir uns zurecht. Wir sind gewappnet für die globale Welt, denn was von der Schulzeit bleibt, ist gelebte Vielfalt. Das Aufwachsen in mehreren Sprachen. Die selbstverständliche Existenz des Anderen. Der umgekehrte Blick auf vermeintliche Wahrheiten. Die Erfahrung, daß man mehrere Heimate (›Plural selten‹, sagt Brockhaus Wahrig) und eine dynamische Identität besitzen kann. Wir haben uns zurechtgefunden. Trotz der Unkenrufe manch eines Lehrers, das Niveau in Kenia sei dem Niveau in Deutschland unterlegen, sind die meisten von uns heute überdurchschnittlich erfolgreich. Ein weiter Horizont und eine kulturelle Kompetenz sind halt nützlicher als das Beherrschen der Differentialrechnung. Da, wo sich die Deutschen Auslandsschulen dem Land und dem Kontinent, in dem sie sich befinden, öffnen, wo sie das Ghetto verlassen und eine kulturelle Dynamik ermöglichen, die von Fluß zu Zusammenflüssen führt, da sind sie großartig. Doch dort, wo sie nur Deutschland importieren und unter die Schüler verteilen wie einst Lufthansa alljährlich ihren Weihnachtsstollen, da sind sie so wirkungsarm wie ein altes Schulbuch, das man nie wieder aufschlagen wird.

Neulich saßen wir zusammen in Los Angeles. Sechs Erwachsene, die Hälfte einer Klasse, die 1984 das Abitur abgelegt hat. Zwei Deutsch-Türkinnen, eine Äthiopierin, eine Anglo-Ghanaerin, ein Deutsch-Amerikaner und ein Deutsch-Bulgare. Es war ein unwirklicher Abend, so unwirklich wie jeder Abend am Rodeo Drive. Wir redeten uns die Erinnerungen warm, auf Deutsch, auf Englisch, und eingeworfen einige kenianische Wörter, die man nicht übersetzen und nicht ersetzen kann, Wörter wie *aterere* und *pole sana, squashed banana*. Wir feierten das Unvergängliche. Eine Frau trat an unseren Tisch, eine *marketing executive* von Omega, und fragte uns, woher wir denn kämen. Wir lachten auf. Eine schwierige Frage, erwiderten wir, die Antwort wäre abendfüllend. Was für eine seltsame Sprache wir sprächen.

Ein Gemisch, antworteten wir. Woher wir uns denn kennen würden. Aus der deutschen Schule in Nairobi, erklärten wir im Chor. Wir sahen uns an und schmunzelten, ein wenig überrascht von dem jubilierenden Ton. Es hatte fast patriotisch geklungen. Wir prosteten uns zu und stürzten uns wieder ins tiefe Becken der Erinnerung.

Oscar in Afrika

Nairobi 1982

»Haben Sie schon einmal eine Tribüne von hinten gesehen? Alle Menschen sollte man – nur um einen Vorschlag zu machen – mit der Hinteransicht einer Tribüne vertraut machen, bevor man sie vor Tribünen versammelt. Wer jemals eine Tribüne von hinten anschaute, recht anschaute, wird von Stund an gezeichnet und somit gegen jegliche Zauberei, die in dieser oder jener Form auf Tribünen zelebriert wird, gefeit sein. Ähnliches kann man von den Hinteransichten kirchlicher Altäre sagen; doch das steht auf einem anderen Blatt.«
Günter Grass, Die Blechtrommel

Von den vielen ungewöhnlichen, unerwarteten Begegnungen meines Lebens war keine so unvergeßlich wie jene mit Oscar, an einem Sonntag, der sich müde über die sonnige Schwelle unseres Häuschens gelegt hatte. Ich war es gewohnt, sonntags gegen 10.30 einen reinlichen Gesang zu vernehmen, der den Hügel gegenüber unserem Grundstück hinabfloß, und wenn ich meinen Kopf zur Tür heraustreckte, erblickte ich stets eine Kompanie weißgekleideter Damenschaften, zugeknöpft bis oben hin, ihre Schatten im schiefen Gleichschritt, sechs in einer Reihe und sechs Reihen. Jeden Sonntag staunte ich über diese gleichmäßigen Schatten, die alle paar hundert Meter mit dem Gesang stehenblieben, worauf die Kompanie schwankte, bevor der Gesang erneut aufbrauste und das Gleichmaß sich wieder in Bewegung setzte – die Heilsarmee, auf dem Weg zu ihrer allwöchentlichen Versammlung. Doch an diesem besonders trägen Sonntag vernahm ich, zur üblichen Uhrzeit, etwas Ungewohntes, ein Rauschen zunächst und dann einen schrillen Ton. Auf der Hügelkuppel stand nicht wie gewohnt die Heilsarmee, sondern ein wilder Haufen von zerzausten, zerlumpten Kreaturen, das Haar zottig, im Unsinn aller Farben gewandet, in alle Richtungen ausgefranst. Neugierig rannte ich zum offenen Tor, und zu meiner Überraschung bogen sie in unsere kleine Straße ein. Vorneweg marschierte ein Junge mit einer Trompete am Mund, sein Instrument kannte nur zwei Töne, einen waagerechten und einen senkrechten, und abgesehen von diesem zweifachen Ton, der sich nach keinem erkennbaren Morsealphabet richtete, ertönte keine der üblichen Internationalen der Frommen. Vor mir angekommen, setzte der Junge die Trompete ab, und augenblicklich stand der Haufen hinter ihm still.

Ich bin O-Scar, stellte er sich vor, so eigenwillig ausgesprochen, als wäre das O am Anfang ein Ausdruck der Verwunderung über die eigene Existenz, und der Rest seines Namens der Versuch, diese zu verwinden. Aber sein Name war nicht das Bemerkenswerteste an diesem Trompeter. Seine Hautfarbe war bleich, seine Gesichtszüge jedoch afrikanisch.

– Sind Sie ein Albino? fragte ich.

– O nein, mein Bester, Sie sollten sich nicht so bereitwillig auf Ihre Beobachtungskunst verlassen. Ich bin ein Farbverweigerer.

– Sie sind absichtlich so ... hm ... blaß ums Gesicht?

– Ich habe mich darauf kapriziert. Wissen Sie nicht, auch die schwarzen Babys kommen hellhäutig zur Welt, das sieht man unseren Handflächen an – er unterbrach seine Rede, um einen Ton hinauszuträllern, worauf der ganze Haufen die Handflächen in die Höhe hob und mit imaginären Kastagnetten klapperte –, doch ich beschloß kurz nach meiner Ankunft hierortens bei diesem Unfug nicht mitzumachen ...

– Welcher Unfug?

– Die Unterscheidung zwischen weiß und schwarz. Überflüssige Angelegenheit, finden Sie nicht auch, da kann man doch mal trotzig werden.

– Und was machen Sie jetzt, wo ziehen Sie hin?
– Nicht hin, nur umher, wir pfeifen auf falsche Ordnung, wir stellen alles auf den Kopf.
– Was soll das heißen?
– Das werden Sie gleich sehen.
Und er schmunzelte mich an wie jemand, der genau über das Schicksal Bescheid weiß. Dann zog er etwas aus seinem Hosensackerl und leckte daran, bevor er es mir entgegenstreckte.
– Was ist das denn?
– Gelbwurzel.
Nun sprach eine gelbe Zunge zwischen eingegelbten Zähnen.
– Sie müssen verstehen, die Farbe der Lust ist gelb.
– Lust ist doch keine Sünde, unterbrach ich ihn.
– Auch Tugenden besitzen Farben, widersprach er und gab mir sein breitestes gelbes Lächeln.
– Ich weiß nicht so recht.
– Sie müssen noch so viel lernen, mein Bester. Auf ein Nächstes!
Völlig unvermittelt drehte er sich um und blies wieder einen Ton und dann den nächsten, der Haufen setzte sich neuerlich in Bewegung und war keinen Steinwurf entfernt, da schluchzte es ein »Halleluja«, nicht stimmlich hinausposaunt, wie ich es von der Heilsarmee gewohnt war, mitnichten, dieses Halleluja war aspiriert, eine behauchte Lobpreisung, ein Lüftchen, das dem Ausatmen folgt, und es kam offenhörig aus dem Schattenreich der Geräusche, und es öffnete alles, was ihm im Wege stand, alles, was sich ihm verschloß. Aber das begriff ich erst später am Tage, als meine Mutter weder das Tor verschließen konnte noch irgendeine der Türen, auch nicht die Bar, die stets niet- und nagelfest gehalten wurde, weil die Dienstboten dem Tonic nach dem Gin trachteten, und an der Kreuzung nebenan sprang die Ampel nicht mehr auf Rot, und die Läden im Lavington Green Shopping Center ließen sich nicht mehr vergittern, und die indischen Händler mußten in ihren Kolonialwarenhöhlen

ausharren, Unmengen Mukhwas kauend, so daß am nächsten Morgen nicht nur ihre Läden, sondern auch der Parkplatz davor und das Rugbyfeld der anliegenden Schule vom Anisgeruch durchfüttert waren, und mir wurde klar: wo Oscar einmal gefistelt hatte, da schloß sich nichts mehr, da kam nichts mehr zum Abschluß.

Am nächsten Sonntag nahm mich Oscar mit ins Stadion. Auf zum Uhuru Stadium, sagte er knapp, dort tritt einer auf, dem das Predigen gelegt werden muß.

Zu meiner Überraschung erwies sich der Prediger als ein Deutscher, ein Mann namens Bonnke, der auf den Plakaten vor dem Stadion das siegesgewisse Lächeln eines Dompteurs an den Tag legte. Ich weiß nicht mehr, wie es ihm gelang, aber Oscar schleuste mich auf die Pressetribüne, wo ich mir Mühe gab, wie der eifrige Reporter einer Schülerzeitung zu wirken. Neben mir saß ein Mitarbeiter der Zeitung »Der Wunderheiler«, so vermutete ich, denn er hatte eine vorgedruckte Tabelle vor sich ausgebreitet. Offensichtlich war ihm die Verantwortung übertragen worden, die Wunder zu protokollieren. Da waren Spalten für Lahme, die zum Laufen, Stumme, die zum Sprechen, Blinde, die zum Sehen und Taube, die zum Hören gebracht wurden, vier horizontale Spalten, und querbeet wurden ortsabhängig die Leistungen von Bonnke notiert, insgesamt 27 Geheilte in Lusaka, 32 in Lilongwe und nur 17 – ein bescheidener Tag – in Dar-es-Salaam. Die Veranstaltung hatte wohl schon vor einiger Zeit begonnen, denn auch die Kästchen für Nairobi verzeichneten schon einige Striche. Die Stimme des Predigers schallte durch das Rund, er selbst war aber kaum zu sehen. Er stimmte gerade ein Hymne an, da hörte ich einen Ton, der durch Wahn und Glaube drang, einen mir inzwischen wohlvertrauten Ton, der in die Lautsprecheranlage kroch und pfeifend herausschnellte, so grell, daß dem Protokollführer neben mir der Griffel aus der Hand fiel. Alle um mich herum drückten ihre Handflächen gegen die Ohren, und als sie erkannten, wie schutzlos sie gegen den Oscar-Ton waren, sprangen sie auf und hetzten zu den Ausgängen, wie auch die Sänger auf der Bühne auseinanderspritzten, wobei ihre purpurnen Talare im Wechselwind des Chaos hinterherflatterten. Und das letzte, was ich sah, bevor auch ich Zuflucht suchte vor dem waagerechten und dem senkrechten Pfiff, der inzwischen wirbelnd das ganze Stadion erfaßt hatte, war das Niedersinken des Wunderheilers.

Am nächsten Tag stand in der Zeitung »The Daily Nation« zu lesen, der verehrte Pastor Bonnke, Heiler der Verzweifelten, sei schwer erkrankt, ein mysteriöser Anfall, der ihn nicht nur gelähmt, sondern ihm auch Sprache, Sicht und Gehör geraubt habe. Seitdem, wann immer ich verzweifele an den ungerechten Merkwürdigkeiten des Lebens, entsinne ich mich des zweifachen Trompetentons, der alles auf den Kopf stellen kann, und horche fest hinaus, in der Hoffnung, daß er noch nicht aus der Welt entklungen ist.

Eine Antonow über dem Niger

Guinea. Frühjahr 1994

Als ich den Niger kennenlernte, war er so klein wie eine eingegrabene Steppenschlange und ich so verängstigt wie ein Zivilist in einer ausgemusterten Militärmaschine. Tausend Meter über dem Fluß führte mich Nikolai Goworitsch in die Sprachen Westafrikas ein, an Bord einer Antonow, die den russischen Afghanistankrieg überlebt hatte, um nun Beamte, Händler, Entwicklungshelfer und Menschen wie mich durch Guinea zu fliegen. Nikolai entnahm seiner Hemdtasche ein abgegriffenes Papier, das sich als zigfach zusammengefaltet erwies: sein Notizbuch, an den Falten eingerissen, an den Ecken zerfranst, zu drehen, zu wenden und aufzuklappen, bis die gesuchte Sprache, wozu auch immer benötigt, gefunden wurde. Die Miniaturschrift des Flugingenieurs verzeichnete links von der Mitte das Einmaleins der Höflichkeit auf Russisch – *zdrastwuite, spasiba, dosvidanije* – und rechts von dem linealgeraden Mittelstrich die Entsprechung auf Bambara, Wolof, Malinke, Kissi, Fula und Soussou. Das Mondgesicht lächelte mich an.

– Mit einigen Worten kannste lange Gespräche führen. Auf Bambara. *Antjie*. Merk dir das, wird dir nützlich sein, *antjie*. Mal auf der ersten, mal auf der zweiten Silbe betonen. Dazu lächeln und mit dem Kopf nicken.

Er faltete die Seiten so auseinander und wieder zusammen, daß sich eine leere Seite zeigte. Für eine neue Sprache schien immer Platz zu sein. Er zog einen Strich, und auch dieser Strich geriet – angesichts der wackelnden Antonow wundersam – gerade.

– Und nun... Deutsch!

– Aber das ist doch keine westafrikanische Sprache?
– Macht nichts, macht gar nichts. Ich sammle alle Sprachen.

Wieder faltete er auf und um und präsentierte mir weitere, unvermutete Schätze: Griechisch, Arabisch, Ungarisch und Dänisch.

– Los geht's. Wir sind gleich in Siguiri.

Wir fingen an.

Guten Tag.

Wie geht es Ihnen.

Gut, danke.

Wohin fahren Sie?

Gesundheit!

Zwanzig Worte und Phrasen später erreichten wir ›Auf Wiedersehen‹. Nikolai steckte seine internationale Sprachfibel wieder ein.

– *Harascho.*

Kaum waren wir in Siguiri gelandet und die Antonow mitten auf dem Rollfeld zum Stehen gekommen, eilten die Russen hinaus, um Larry zu begrüßen, einen kanadischen Missionar, der in dem islamischen Norden des Landes seit vier Jahren unverzagt seinen Dienst tat. Larry war unter den Weißen in Guinea eine legendäre Figur, denn bevor er nach Siguiri abkommandiert wurde, hatte er sechs Jahre lang in Kankan gewirkt, in der moslemischen Hochburg des Landes, im Schatten der islamischen Universität. Wie die meisten Missionare, die mir über die Jahre in Afrika begegnet sind, hält er die Fremden, die er immer weiterziehen sieht, mit einer gütigen Ausstrahlung auf Distanz.

Auf dem Rollfeld war es fast unerträglich heiß, aber Sarah, Larrys Tochter, strahlte vor Glück – die Russen hatten ihr einen Hasen mitgebracht.

– *Zajek.*

Nikolai hatte den Hasen unter den Vorderbeinen gepackt, als wollte er ihn impfen.

– *Rabbit*, sagte Larry zu seiner Tochter, und zu mir: *Nice to meet you.*

– Rabiet? wiederholte Nikolai, und ich wartete auf den Griff an seine Hemdtasche.

– *A beautiful white rabbit*. Was macht Conakry?

Larry erhielt murrende Antwort. Sarah zupfte ungeduldig an seiner Hose, wollte wissen, wie sie den Hasen nennen sollte.

Hi Sergei, Nikolai, Dimitri. Larrys Frau kam über die Landebahn gelaufen, zwischen ihren Armen ein großer Korb. Nachdem sie jeden der Russen umarmt hatte, griff sie in den Korb und holte runde Brote heraus, deren frischgebackener Duft sich über den staubigen Geruch des Harmattan legte. Auf der anderen Seite des Flugzeugs, vor dem Flughafengebäude, lehnte ein einsamer Korb voller Baguettes an einer hüfthohen Absperrung, die Brote ordentlich und aufrecht aneinandergereiht, als wären sie französische Soldaten, die der Kolonialismus zurückgelassen hat. Über die Laderampe im offenen Hinterteil der Maschine wurden Säcke ausgeladen. Die Russen betrachteten das Treiben und die Hektik um sie herum mit stoischer Ruhe, als hätten sie jeden Anspruch darauf, eigene Vorstellungen durchzusetzen, längst aufgegeben.

– Es ist hart, wir versuchen die Stellung zu halten, erklärte mir Larry sparsam.

Nikolai versuchte derweil Sarah zu erklären, daß der Hase Schatten brauchte. Sie streichelte sein Fell.

– Ich hab einen Namen: Ich werde ihn Heinz nennen.

– Heinz? Nennt ihr so eure Hasen in Kanada?

Der Kopilot zog eine Augenbraue belustigt in die Höhe.

Die schwereren Säcke erforderten die kräftige Mithilfe einiger Passagiere. Nikolai und ich schlenderten zur Laderampe und betrachteten das Schwitzen. Nikolai schüttelte den Kopf.

– Schon wieder überladen. Das Flugzeug ist ständig überladen. Neulich warteten in Siguiri 21 Passagiere, jeder mit einem Ticket, aber wir hatten nur acht freie Plätze. Was sollten wir tun?

Jeder von ihnen hatte einen triftigen Grund, mitfliegen zu müssen. Wir haben alle mitgenommen. Wer keinen Platz bekam, saß auf dem Gang.

Dimitri, der Pilot, folgte weiterhin dem Lauf des Niger, der durch flaches, trockenes Land schlich. Gelegentlich tauchte der Schatten der Antonow ins braune Wasser. Siedlungen waren selten zu sehen, die wenigen Gruppen von dreißig, vierzig Behausungen – mit Kornspeichern, die wie bewohnte Champignons aussahen – waren durch keine Piste mit der Außenwelt verbunden.

– Weißt du, wie wir ihn nennen?
– Wen?
– Den Fluß?
– Nein.
– Oblomow. So behäbig fließt er dahin, als wolle er nicht vorankommen. Keine Energie. Noch drei Monate, dann geht's endlich wieder nach Alma Ata zurück. Hier ist es nicht auszuhalten, zu heiß, viel zu heiß. Und immer fliegen, sechsmal die Woche, jeden Tag, immer fliegen, überall landen.

– *Mnogo rabota*, knurrte der Kopilot hinter seiner Sonnenbrille und seinem Buch, das er bislang regungslos studiert hatte.

– *You sure speak English?*

Er stand auf, schubste mich in seinen Sitz hinein, stülpte mir den Kopfhörer über und drückte mir ein Russisch-Englisch-Wörterbuch flugtechnischer Begriffe in die Hand. Einer seiner Finger, ringverziert wie alle anderen, deutete auf eines der Wörter. Das sollte ich aussprechen. Ich gab mir Mühe, er sprach es konzentriert nach.

Kankan. Ich hörte die Stewardess schreien. Dann sah ich den weißhaarigen Herrn mit offenem Mund, zusammengesunken in seinem Stuhl. Die Russen eilten aus dem Cockpit. Dimitri fühlte den Puls des Mannes.

– Smert.

– Schwaches Herz.

Was tun? Die Leiche wurde nach draußen getragen und unter die rechte Tragfläche gelegt. Auch in Kankan war es heiß, so heiß, daß ich nach wenigen Minuten dem Toten sein schattiges Plätzchen neidete. Eine ausgiebige Diskussion entfaltete sich, Arme sprangen aus den weiten Ärmeln der Boubous, Stimmen flammten auf und erloschen so schnell wie die einheimischen Streichhölzer. Die Besatzung stand still daneben, während alle Passagiere, die Angestellten des Flughafens Kankan, ein Baguettehändler und ein Taxifahrer ihre Stimme erhoben. Der Weiterflug verzögerte sich. Die Situation gestaltete sich nicht einfach, denn der Mann war nach Kissidougou unterwegs. Er stammte von dort. Wer sollte sich in Kankan um ihn kümmern?

– Er hat doch ein Billet nach Kissidougou gelöst? fragte jemand.

So war es.

– Also hat er ein Anrecht darauf, nach Kissidougou gebracht zu werden, ob lebendig oder tot.

Allgemeine Zustimmung. Die Menge wußte eine gute Lösung auf Anhieb zu erkennen. Schnell wurde eingeladen, den neuen Passagieren der Platz zugeteilt und die Leiche zwischen die Säcke im Lagerraum gebettet.

– Wir sind gleich in Kissidougou.

Nikolai hielt kurz neben meinem Sitz.

– Merkst du, wie sanft Dimitri fliegt, seit wir einen Toten an Bord haben? Das ist wahre Pietät.

Er bekreuzigte sich.

Der Abschied war herzlich; immerhin kannten wir uns schon fünf Stunden. Um uns herum heulten die klagenden Verwandten, und auf der anderen Seite des Flugzeugs schimpften Passagiere auf einen Polizisten, der beschlossen hatte, ausgiebig zu kontrollieren, Sekou Touré weiß warum.

– Komm uns besuchen, wenn du wieder in Conakry bist.

– Wo find ich euch?
– Frag einfach nach den russischen Piloten am Flughafen.
– Das reicht?
– Ja ja, da kennt uns jeder.

Nichts Schlimmeres als Alleinsein

Kampala. September 1995

Nehmen wir zum Beispiel Uganda. Nehmen wir zum Beispiel Bier. Der Parkplatz der Bar am Stadtrand von Kampala ist voller Limousinen; an den festzementierten hölzernen Tischen unter weitausholenden Baumkronen widmen sich Männer in feinen Anzügen, laut und dichtgedrängt, ihrem Bier, bevor sie das Wochenende auf einem Landgrundstück verbringen. Es kann lange dauern, bis der letzte dieser Männer aus der Elite des Landes in seinen Mercedes steigt und weiterfährt. Er pflegt seine Freundschaften, das ist wichtig, und er wird sich nicht drängen lassen. Freundschaften aus Geschäften, aus gemeinsamen Schul- und Universitätstagen. Nicht nur die Theke, die Täfelung, das Dartbrett und die schweren Postermöbel verweisen auf den britischen Einfluß, sondern auch die bewußte Pflege der Kontakte, die Clubkameraderie. Doch die Grundsubstanz hinter dieser »modernen« Fassade zeigt sich auf dem Land, wenn selbst der verwestlichste Emporkömmling sich den Verpflichtungen aus gemeinsamer Abstammung nicht entziehen kann.

Nur einige Kilometer entfernt, in einem der Slums von Kampala, sitzen zur selben Zeit Mitglieder des Masaba Clubs um einen riesigen Pott mit selbstgebrautem Bier, lange Strohhalme im Mundwinkel, so wie anderswo Pfeifen, und reden. Über das Neueste aus ihren Heimatdörfern, über Geschichten aus der Stadt. Jeden Tag sitzen die Männer hier zusammen, Arbeitslose länger als Schuftende. We are all friends, erklärt der Schatzmeister, der die Beiträge einsammelt und für regelmäßigen Nachschub sorgt. Denn die Männer stammen alle aus der selben, östlich gelegenen Gegend des Landes. So wie mit verschiedenen

Halmen aus einem Topf getrunken wird, so kommen die Geschichten und Gerüchte von überall her, landen im Club und gären, bis es Zeit wird aufzustehen und nach Hause zu gehen. Oder zu taumeln. Und was machen die Freunde, die kein Geld mehr haben, den Beitrag zu entrichten? Muß man dann die Runde verlassen? Nein, das nicht. Man muß auf seine Hosentasche klopfen, um auszudrücken: Ich weiß, daß ich zahlen muß, aber ich kann nicht. Dann muß man sich ein Feuerwerk an Ausflüchten, Aussichten und Ausreden einfallen lassen. Und je mehr man seine Freunde belustigt, desto geneigter sind sie, einem das Bier auch ohne Bezahlung zu gönnen.

Einige hundert Kilometer entfernt, beim Volk der Iteso, haben sich die Bauern zu dem versammelt, was bei ihnen jedes soziale Ereignis begleitet: Hirsebiertrinken. Die verschiedenen Anlässe, Bier zu trinken, tragen jeweils eigene Namen. Nehmen wir an, daß an diesem Abend das »Bier der Arbeit« geteilt wird. Damit will sich eine Frau oder ein Mann bei den Freunden bedanken, die ihr oder ihm bei einer bestimmten Tätigkeit geholfen haben. Die Sitzordnung ist streng festgelegt, weil sie das Gefüge zwischenmenschlicher Beziehungen in diesem Dorf nicht nur abbildet, sondern auch formt. Der äußere Kreis wird von sitzenden Männern gebildet, der innere von knienden Frauen. Nicht nur die Aufrechterhaltung von Freundschaft erfolgt über Biergenuß, Spannungen und Brüche erhalten über seine bis in Details hineinritualisierten Formen Ausdruck. Es ist ganz entscheidend, wann und wen ein Mensch einlädt, wo er erscheint und wie er sich dann benimmt. Letztendlich ist es jedoch ganz einfach: Wenn ich nicht das Bier mit ihm teile, sind wir keine Freunde.

Im Biertrinken der Iteso zeigt sich ein Ideal freundschaftlichen Umgangs miteinander, das in vielen schwarzafrikanischen Gesellschaften gilt: eine Mischung aus nicht genau definierter Solidarität und unbeschwerter Geselligkeit. Beides wird von den Mitmenschen nachhaltig eingefordert. Wer eine der beiden Forderungen enttäuscht, wird schwerlich viele Freunde finden. Wer sich der Großzügigkeit der anderen entzieht, weil er sich angesichts des strikten reziproken Systems von Geben und Nehmen keine Verpflichtungen aufbürden will, wird als stolzer, arroganter und vielleicht gieriger Mensch betrachtet werden, dem eine besonders schlechte Eigenschaft eigen ist: Er genügt sich selbst! Umgänglichkeit ist eine der höchsten Tugenden. Denn sie ist Ausdruck einer Lebenshaltung, in welcher der Mensch mit seiner Lage zufrieden ist und die Segnungen seines Lebens zu schätzen weiß. Solche Menschen können mit anderen reden, auskommen und mit ihnen trinken.

Das Gemeinschaftliche steht so sehr im Mittelpunkt traditionellen afrikanischen Lebens, daß auch Freundschaft daran gemessen wird, darauf basiert. Die Harmonie der Lebenden mit den Toten sowie die Harmonie der Menschen untereinander hat höchsten Stellenwert. Eigenwilliges Handeln führt zu Konflikten unter den Menschen. »Haß bringt keinen Ertrag; das Fleisch wird gegessen, nachdem es einen Tag auf dem Feuer verbracht hat«, sagt ein Sprichwort. Und ein anderes ergänzt: »Freundschaft ist nur halbvoll, wenn sie nicht von einem gemeinsamen Essen gesättigt wird.«

Einen dominanten Einfluß haben in vielen Gesellschaften die Altersklassen. Menschen aus einer Generation durchwandern gemeinsam den aus verschiedenen Altersklassen bestehenden Zyklus des Lebens. Sie erleben die *rites de passage* von Kindheit zur Jugend und von Jugend zum Erwachsensein. Die Altersklasse umfaßt eine Spielgemeinschaft, eine gemeinsame Reise durch die Initiation, bei der man miteinander tanzt, sich gegenseitig die Haare flicht und sich viel berührt. Unter den Altersgleichen *(age mates)* entstehen *ties of dependence*, die man nicht aufkündigen kann. Gerade in dem Abschnitt der Initiation, der bei Nomaden mehrere Jahre dauern kann, entstehen starke Bande. Die Initiierten eines Jahrgangs sind dann miteinander ihr Leben lang in Freundschaft und Verpflichtung verbunden. Aus diesem Kreis stammen die lebenslangen Begleiter und

Freunde. Darüber hinaus sind die Altersklassen nicht nur entscheidende gesellschaftliche Markierungen, sondern sie dienen auch der zeitlichen Orientierung – ein Ereignis wird terminiert, indem man benennt, welche Generation damals die Initiierten stellte. So deckt sich bei Altersgleichen die Bestimmung ihres Lebensweges.

Wie im späteren Leben die Bande dieser Freundschaft enger geknüpft werden, zeigt sich am Beispiel der Massai: Als Erwachsene sind die Männer für eine eigene Familie und somit für eine eigene Herde verantwortlich. Aus Gründen der Sicherheit überlassen sie einige ihrer Rinder den Freunden. Bewußt begibt man sich in gegenseitige Abhängigkeiten, die zum einen die Solidarität zementieren und zum anderen gegen Katastrophen jeglicher Art (Dürre, Rinderpest, Krieg) versichern sollen.

All das erklärt auch, wieso es die für Europäer so selbstverständlichen Pärchenfreundschaften selbst in den afrikanischen Metropolen nicht gibt. Ob Schweizer, Norweger oder Italiener, wer für einige Zeit nach Afrika zieht, wird bald feststellen, daß es fast unmöglich ist, Herr und Frau Mwangi, Keita und Bekulé zum Abendessen einzuladen. Durchaus möglich ist es dagegen, daß sich die Frauen und die Männer in jeweils eigenen gesellschaftlichen Räumen treffen und freundschaftlich miteinander verkehren. Die Gemeinschaftlichkeit, die sozialen Räume sind weiterhin überwiegend nach Geschlechtern getrennt. So war es für mich in den vielen Jahren Aufenthalt in Afrika als Mann unmöglich, einen Einblick in die Frauenwelten zu erhalten.

Kunzi munhu vanhu, Mensch kann man nur von anderen Menschen genannt werden, sagen die Ältesten in Simbabwe. Menschliche Beziehungen stehen im Mittelpunkt afrikanischer Erfahrung. Die schlimmste Tragödie eines Afrikaners ist die Einsamkeit, das Alleinsein ohne jemanden, der sich an einen erinnern wird. Wer sich von den anderen entfernt, wird zum Einzelgänger – es gibt nichts Schlimmeres.

Der Mensch und sein Wild
Der schwierige Umgang mit den letzten wilden Tieren

Simbabwe. Herbst 1994

Im Alltag hat der gemeine Europäer kaum etwas mit wilden (Säuge-)Tieren zu tun. Umgeben von nassen Schnauzen oder sanften Tatzen kümmert er sich im Winter um das Vogelfutter oder überfährt gelegentlich ungewollt ein Reh. Die Jagd, einst eine der natürlichsten Lebensbeschäftigungen, überläßt er der Wald-und-Wiesen-Schickeria oder den Förstern. Am Abend, nach getaner zivilisatorischer Arbeit, läßt er sich vom Fernseher zu den Brutplätzen der Kaimane, den Revieren der Grizzlys oder bevorzugt nach Afrika entführen. Denn in Afrika, das spürt er selbst über die mediale Distanz hinweg, blickt er in die eigene elysische Vergangenheit, aus der er sich selbst vertrieben hat. Nicht zufällig sprechen Naturfilme und Touristikprospekte bevorzugt vom »Letzten Eden«, wenn von den Reservaten in Kenia oder Simbabwe, in Südafrika oder Tansania die Rede ist. Und weil das Bild vom Lagerfeuer unterm Sternenhimmel, von grunzenden Nilpferden und jagenden Löwen immer noch seine Instinkte anspricht, bucht der Europäer eine Reise in den tiefen Süden.

Roger Whittalls Großvater kam nach Rhodesien, um Viehwirtschaft zu betreiben. Das erwies sich als schwierig. Weniger wegen der Einheimischen, die in zwei Kolonialkriegen kurzerhand besiegt und versklavt worden waren, sondern wegen der wilden Tiere. Rinder und Wild gingen einfach nicht zusammen. Die Löwen bedienten sich am Gehege, die Tsetsefliege raffte ganze Herden dahin, Büffel übertrugen tödliche Seuchen. Die einzige Lösung war, den gesamten Wildbestand auszurotten.

Zwei Generationen später versucht Roger Whittall, das Werk seines Großvaters rückgängig zu machen. 1991, nach einer katastrophalen Dürre, verkaufte er die übriggebliebenen Rinder und richtete, in Kooperation mit gleichgesinnten Ranchern, das größte private Tierreservat der Welt ein, die Save River Conservancy. Gefördert vom WWF stürzte er sich in die Herkulesarbeit, das 4000 km² große Gebiet in den Zustand zu überführen, in dem sein Großvater es vorgefunden hat. Er riß alle Zäune nieder und führte Büffel, Zebras und Gnus sowie einige andere Tierarten ein. In der nächsten Trockenzeit mußten die Tiere, teilweise per Hand, gefüttert werden. Oberste Priorität genossen die wenigen ausgesetzten Nashörner, die als besondere Attraktion für Touristen gelten. Die Ladeflächen der Jeeps wurden mit Maisstengeln gefüllt, die Rhinozerosse fraßen direkt aus dem Wagen. Es war noch ein langer Weg zurück ins Paradies.

Weiter südlich am Lauf des Save leben die Shangani in der Umgebung des Nationalparks Gonarezhou. Seit Generationen wissen sie das Brüllen eines wütenden Löwen von dem eines glücklichen zu unterscheiden. »Der Schöpfer hat es so gewollt«, sagen sie, wenn man sie auf die Gefahr anspricht, in unmittelbarer Nähe wilder Tieren zu leben. *Sango idema*, der Wald ist ein geheimnisvoller Ort, lehrt eines ihrer Sprichwörter. Bis zum heutigen Tag haben sie sich ihre enge, respektbestimmte Beziehung zur Umwelt und ihren Geheimnissen erhalten. Obwohl Raubtiere regelmäßig Rinder und Ziegen reißen und gelegentlich auch ein Dorfbewohner verletzt oder getötet wird, besteht eine komplementäre Einheit von Mensch und Wildtier. Diese fußt nicht zuletzt auf dem Verständnis, daß die Dorfbewohner ohne Tiere keine Zukunft hätten. Zumindest keine, die sie sich mit ihrer heutigen Weltsicht heraus vorstellen können.

Baba Mhlanga hat wie viele ältere Menschen in Afrika ein unheilbares Augenleiden, das ihm einen milchigen Blick verleiht. Er sitzt auf einem Hocker vor seinem Rundhaus und erzählt. »Ich wurde hier geboren, inmitten der wilden Tiere. Ich bin mit ihnen aufgewachsen, habe mein Leben mit ihnen geteilt. Ich weiß nicht, wie wir ohne diese Tiere überleben sollten. Tiere haben uns immer geholfen, und sie tun es noch heute. Wir haben schon immer Tiere gejagt. Ein Jäger ging in den Wald, um ein einziges Tier als Nahrung zu töten. Die Tiere waren unsere Nahrung. Und seit jeher haben sie hin und wieder jemanden umgebracht. Sie haben ja nicht alle von uns getötet. Es kommt weiterhin selten vor, daß sie jemanden töten.

Wenn wilde Tiere einen Menschen töten, nehmen wir das hin und sagen: Laßt euch nicht bekümmern, es ist unser Tier. Die wilden und die zahmen Tiere sind uns gleich. Wir müssen mit ihnen in Eintracht zusammenleben. Ihr Leben respektieren. Denn auch sie respektieren unser Leben. Die Menschen teilen ihr Leben mit wilden und zahmen Tieren zugleich.«

Dieser Gedanke würde Roger Whittall gefallen. Er und seine Frau haben auf ihrem Gehöft, einer Mischung aus Werkstatt, Tierheim, Country House und Verwaltungszentrum, unzählige wilde Tiere großgezogen, neben Hühnern, Schweinen, Schafen und Ziegen, die sie mit dreihundert Mitarbeitern halten. »Mein Garten ist in einem schrecklichen Zustand«, sagt Ann Whittall. »Das Zebrafohlen wird immer gefräßiger. Es ist mein Rasenmäher, ein schlechter Rasenmäher, weil es so tief grast, daß mein schöner Rasen voller Löcher ist. [Einige Tage später wurde das Zebra von einer grünen Mamba gebissen und starb.] Wir haben alle möglichen Tiere gepflegt, doch wir haben es fast nie geschafft, sie wieder in die freie Wildbahn zu entlassen. Mit Ausnahme unseres Gepardenweibchens natürlich. Wir mußten ihm das Jagen beibringen. Wir fuhren mit dem Landrover hinaus, hielten neben einer Impalaherde, es schlich aus dem Wagen und versteckte sich hinter den Reifen. Gott weiß was wir uns alles haben einfallen lassen, daß sich in ihm der Jagdinstinkt regte. Es hat lange gedauert, bis es sich allmählich an die Impalas heranschlich. Dann hat es zum ersten Mal gerissen und uns stolz das Tier gebracht. Wir haben es natürlich über den Klee gelobt.

Dann ist es eines Tages nicht mehr zu uns zurückgekehrt. Wenig später hat es sogar Junge bekommen.«

*

Der Hwange National Park ist das größte und wildreichste Tierschutzgebiet Simbabwes (14 650 km²). Hier geht die Kalahariwüste in Buschland über, der Sand aber bleibt: er bedeckt 90% der Fläche. Reichhaltiges Grundwasser ermöglicht eine Savannenlandschaft mit großem Wildbestand. Die südöstliche Region bestand einst sogar aus Teakholzwäldern, die beim Bau der Eisenbahnlinie von Bulawayo nach Victoria Falls abgeholzt wurden. Heute verarbeitet ein lukratives Gewerbe die Bohlen von stillgelegten Linien zu feinen Möbeln. Dieses weite, flache Land hat nicht immer solche Tiermassen das ganze Jahr über ernährt. Früher wanderten die Herden in der Trockenzeit in die Täler des Sambesi. Doch menschliche Ansiedlung verhinderte zunehmend diese Migration, die Tiere mußten sich in unwirtliche Gebiete zurückziehen. In einem gewissen Sinn werden sie von den Menschen für diese Vertreibung entschädigt. Verstreut im Park befinden sich künstliche Wasserlöcher, zu denen die Tiere besonders in der Trockenzeit strömen. Das Rattern der Dieselpumpen stört zwar etwas die Illusion der Unberührtheit, aber ohne diese Tränken würden die Tiere nicht überleben. »Wenn man einmal in die Natur eingegriffen hat, gibt es kein Zurück.« Immer wieder wiederholt der Ranger diese Weisheit. Auch die Tiere haben sich mit der modernen Technik abgefunden. Allerdings neigen die intelligenten Elefanten dazu, gegen die Pumpen, denen der Diesel ausgegangen ist, zu treten, um ihrer Forderung nach frischem Wasser Nachdruck zu verleihen. Danach müssen die Maschinen meist ausgetauscht werden.

Auf ganz andere Weise profitieren die Paviane von der menschlichen Einflußnahme. Um sich vor den Leoparden, ihren Hauptfeinden, in Sicherheit zu bringen, klettern sie seit Urzeiten bis in die Wipfel der Bäume hinauf oder ziehen sich in Höhlen zurück.

Nun haben sie die Strommasten für sich entdeckt. Am Rande des Hwange National Parks verkriechen sie sich auf die Querbalken der riesigen Überlandleitungen, um dort die Nacht zu verbringen. Das ist sicherer als ein Baumschlafplatz, da es artistischer Fähigkeiten bedarf, die schmalen Eisenträger hochzusteigen. Im letzten Tageslicht sieht man sie dort ruhen, zusammengeballt in so großer Zahl, daß der Strommast wie ein mit Früchten praller Baum aussieht.

Elefanten sind wie Menschen, sie zerstören ihren eigenen Lebensraum. Wenn eine Dürre länger anhält, verenden sie, weil sie bei ihrem Bedarf von 200 kg Futter pro Tag dem Land keine Chance geben, sich zu regenerieren. Deshalb fürchten die Tierschutzgebiete den Elefantenüberschuß. Gonarezhou und Hwange haben gleichermaßen mit diesem Problem zu kämpfen. Die Elefantenpopulation Gonarezhous wird momentan auf etwa 7000 Tiere geschätzt, weit mehr als die natürliche Kapazität des Gebietes erlaubt. So waren die Verantwortlichen froh, daß das neuerrichtete Save River Conservancy, dessen Elefantenzahl auf ganze drei Dickhäuter zurückgegangen war, ihnen einige Herden abnehmen wollte. Die Aktion wurde weltberühmt. Zuerst mußten die Herden identifiziert werden, denn man wollte sie nicht auseinanderreißen. Dann mußte der Transport mit enormem logistischen Aufwand organisiert werden. Man charterte die größten Sattelschlepper im südlichen Afrika, konstruierte eine spezielle Laderampe mit Laufband, auf dem die betäubten Elefanten in die Großcontainer hineingefahren wurden. Dabei mußte man extrem vorsichtig sein, denn Elefanten zerdrücken ihre Lungen, wenn sie zu lange liegen bleiben. Im Lauf einiger Monate wurden insgesamt 450 Elefanten übersiedelt, eine erstmalige und von da an zukunftsweisende Unternehmung, die vor allem in Südafrika mehrfach wiederholt wurde.

*

Mit den Elefanten konnte sich die Save River Conservancy in die Tourismusbranche wagen. Einige Camps wurden errichtet, ein Büro in der Hauptstadt eröffnet. Die Haupteinnahmequelle ist die Jagd. Die Kunden kommen überwiegend aus den USA und zahlen sündhaft viel Geld für den einen oder anderen Abschuß – das Pech der Nachgeborenen. Roger Whittall und seine Partner sind ziemlich selbständig beim Festlegen der Abschußquoten; was immer sie entscheiden, wird von der Nationalparkverwaltung bewilligt.

Das Außergewöhnliche an diesem privaten Tierschutzgebiet ist jedoch das Konzept, mit dem die Initiatoren die Menschen in den umliegenden Gebieten für ihr Projekt zu begeistern versuchen. Nicht nur treffen sie sich regelmäßig mit Dorfältesten und kommunalen Führern zu langen Gesprächen über gemeinsame Interessen, sondern sie haben erreicht, daß die Dörfer in das Reservat investieren, so wie an der Börse. Das Dorf erwirbt etwa eine Herde Gnus und übergibt sie der Aufsicht der Wildhüter. Die Herde bleibt Eigentum des Dorfes, sie entspricht zudem einem bestimmten prozentualen Anteil an den erwirtschafteten Überschüssen. Zum Jahresende werfen die Gnus Rendite ab. Solange die Menschen von dem Reservat profitieren, so die schlüssige Überlegung von Whittall, werden sie seine Existenz nicht gefährden. Um sich nicht allein auf materielle Motive zu verlassen, organisiert er regelmäßig Schulausflüge mit den Rangern, bei denen die Mädchen und Jungen in jenem Fach unterrichtet werden, das für ihre Vorfahren das einzige war: die Geheimnisse der Wildnis.

Im Dorf von Baba Mhlanga geht man auch neue Wege in der Wildtiernutzung, als Teilnehmer eines landesweiten Programms mit dem schönen Namen Campfire. Die denkbar einfache Grundidee besteht darin, daß jährlich eine bestimmte Anzahl wilder Tiere erlegt wird und den Dorfbewohnern aus dem Verkauf der Trophäen und des Fleisches zusätzliche, dringend benötigte Einnahmen zukommen. Das Projekt hängt von zwei

Faktoren ab. Zum einen müssen die wilden Tiere das Reservat verlassen, bevor sie getötet werden dürfen, zum anderen müssen für die Trophäen (Hörner, Fell, Hufe) Käufer gefunden werden, was vor allem bei den Tieren eine Herausforderung ist, die dem Internationalen Artenschutzabkommen unterliegen. Seit 1982 existiert Campfire, und die Bilanz der letzten Jahre kann sich sehen lassen: Mit den Einnahmen konnten in dem Dorf Mahenye die Grundschule ausgebaut und zwei Mühlen errichtet werden.

Als die Einheimischen am Ende des Bürgerkriegs 1980 nach Mahenye zurückkehrten (die Bevölkerung war aufgrund der nahen Grenze zu Mosambik zwangsumgesiedelt worden), gab es kein Schulgebäude, erzält der stellvertretende Rektor Mr Masongo, und die Bauern mußten erst einmal die Tiere von ihren Feldern vertreiben. In den Jahren danach unterrichtete Mr Masango Mathemathik unter Bäumen, der abgeschabte Stamm eines Fomotsibaumes diente ihm als Tafel. Ohne die Einnahmen aus Campfire würden die Schüler noch immer zwischen Gräsern und Büschen kauern und auf diesen sehr alten Baum starren, der nicht nur von erfinderischen Paukern, sondern auch von feinschmeckerischen Elefanten geliebt wird, weshalb der Unterricht gelegentlich unterbrochen werden mußte, bis sich die Dickhäuter an der Rinde sattgefressen hatten.

Die Nationalparkverwaltung legt die Abschußquoten Anfang des Jahres fest. Doch die Dorfbewohner dürfen die Tiere nicht selbst jagen, sondern müssen einen professionellen Jäger informieren, der mit seinen ausländischen Kunden anreist. Die Tiere dürfen nur unter der Aufsicht dieses Jägers, *operator* genannt, geschossen werden, dessen Aufgaben auch den Verkauf umfassen. Er leitet schließlich die Einnahmen an den District Council (so etwas wie die Gemeindeverwaltung) weiter. Ungefähr 15% verbleiben bei diesem, 35% gehen ins Projektmanagement und knapp die Hälfte bleibt für gemeinnützige Projekte übrig. Der kleine Rest wird unter den Familien aufgeteilt. Es existieren kaum andere Möglichkeiten der Wertschöpfung: das Flechten von Matten und Körben hat Tradition, bringt aber nur wenig ein. Der Palmwein namens *ilela* wäre zwar ein Verkaufsschlager, aber die natürliche Produktionsweise schränkt die Mengen ein.

Campfire funktioniert inzwischen reibungslos, auch wenn das Problem der Wilderei dadurch natürlich nicht aus der Welt geschafft ist.

»Es gibt Menschen«, sagt Baba Mhlanga, »die das Leben der wilden Tiere nicht verstehen oder sich nicht darum kümmern. Sie kommen im Schutze der Nacht und töten unsere Tiere, manchmal illegal, manchmal mit Erlaubnis der Regierung. Töten viele Tiere und nehmen nur die Stoßzähne der Elefanten mit und lassen das Fleisch zurück, das verrottet. So etwas haben uns die Vorfahren über das Verhältnis zu Tieren nicht beigebracht. Unsere Sitten und Bräuche ließen es nicht zu, mehr zu töten, als man brauchte. Ein Mann mit einer großen Familie durfte zwei Impalas töten. Nicht mehr. Um zwei Tiere zu töten, benötigte der Jäger einen Tag, oder zwei. Er tötete ein Tier, die anderen rannten um ihr Leben. Er folgte ihnen, bis er ein zweites mit seinem Pfeil erlegen konnte, das war dann genug. Er dankte den Vorfahren und der Erde und kehrte nach Hause zurück.«

*

Vor einem halben Jahrhundert mußte der Mensch vor dem Tier geschützt werden, heute müssen die Tiere vor dem Menschen geschützt werden. Das Massaker an Afrikas Wildbestand begingen nicht nur Viehzüchter wie Whittalls Großvater. Es waren vor allem Abenteurer aus Europa oder den USA, die phänomenale Abschußrekorde erzielten. Eine Tagebuchseite des Berufsjägers J. A. Hunter spricht von 996 getöteten Nashörnern, mehr als der gesamte afrikanische Bestand heute. Der spätere Präsident Theodore Roosevelt, dessen verniedlichender Spitzname sich ironischerweise auf einen Schwarzbären bezieht, schoß aus einem dahintuckernden Zug wahllos in die Herden der Savanne, ohne sich um seine Trefferquote zu kümmern. Captain Richard Meinertzhagen, dessen Tagebücher sich wie die Buchhaltung eines Fleischers lesen, verzeichnete an einem einzigen Tag den Abschuß von mehr Tieren, als manche Nationalparks heute ihr eigen nennen. Beim damaligen Reichtum Afrikas schien der Bestand unerschöpflich zu sein.

Nachdem die ersten Kolonialisten das vorgefundene Paradies zusammengeschossen hatten, begann die nächste Generation, voller Scham und Sentimentalität, sich um den Naturschutz zu kümmern. Zoologen aus dem Norden fühlten sich dazu auserwählt, Gebiete wie die Serengeti zu schützen, nicht nur vor ihren blutgierigen Landsleuten, sondern vor den Afrikanern selbst, die der Natur seit Jahrtausenden nichts angetan hatten. Also beschlossen schon die Kolonialregierungen, Reservate zu errichten. Bernhard Grzimek brachte die herrschende Meinung auf den Punkt: »Um seinen Zweck zu erfüllen, muß ein Nationalpark eine ursprüngliche Wildnis bleiben. Kein Mensch, auch kein Eingeborener, darf darin leben.« Was im Klartext bedeutete, daß Grzimek und Konsorten in die Zeit vor Adam und Eva zurückgehen wollten. Die Viehhirten wurden gewaltsam vertrieben, etwa aus dem berühmten Ngorongoro-Krater in Tansania, damit »es so natürlich wie möglich aussieht«. Nur blieb die Wildnis doch nicht so ursprünglich, denn man mußte die Reservate finanzieren, und das konnte nur über den Tourismus erfolgen. Also wurden *lodges* und Hotels errichtet, Pistenstraßen gezogen, Brunnen gebohrt, Landebahnen planiert, Wälder abgeholzt, um Zeltplätze mit Feuerholz zu versorgen. In wenigen Jahren hatte man mehr Schaden angerichtet, als es die Nomaden je vermocht hätten. Wer aber von diesem Geschäft überhaupt nicht profitierte, waren die aus ihrem angestammten Land Vertriebenen. Die Weidegründe außerhalb der Parks veröderten aufgrund der nun unausweichlichen Überweidung. Das Land konnte die Menschen nicht mehr ernähren. Und neue Arbeitsplätze gab es kaum, wenn man von einigen Kellnerposten in den *lodges* absieht. Die Konflikte waren programmiert. Campfire und Save River Conservancy sind zwei beachtliche Versuche, neue Wege zu gehen, bevor die hungernden und erniedrigten Menschen den nostalgischen Gelüsten der Europäer keine Beachtung mehr schenken und das Wild aufessen.

Die Worte, die Baba Mhlanga zur Klage findet, könnten ähnlich von jedem Ältesten zwischen Äthiopien und Südafrika stammen. »Unsere wilden Tiere sind in Gefahr. Die Weißen kamen zur Jagd, töteten viele Tiere auf einmal, nahmen nur das Elfenbein mit, ließen das Fleisch verrotten. So jagen wir nicht. Unsere Pfeile könnten niemals die Tiere ausrotten. Das können nur die Menschen mit Maschinengewehren. Denn wir jagten immer nur ein Tier und ließen die anderen entkommen, damit wir auch an einem zukünftigen Tag jagen konnten. Unsere Vorfahren verboten den Handel mit Wildfleisch. Wenn du ein wildes Tier getötet hattest, war das ein Geschenk der Erde. Du hast das Tier nicht in deinem Gehege gehalten, wieso solltest du es dann verkaufen. Es war eine Gabe der Vorfahren und des Schöpfers. Wenn du gütig warst, hast du ein Stück deinem Nachbarn überreicht. So lächelte dein Herz, und das Herz deiner Vorfahren lächelte auch, und du konntest an einem weiteren Tag erfolgreich jagen. Nun sagt uns die Regierung, wir sollen die Tiere schonen, nur die töten, die unsere Felder zerstören oder Menschen töten. Aber so war es schon immer. Jetzt töten wir einen Elefanten, verkaufen ihn und bauen eine Schule. Das hilft jedem. Das Tier ist unser Tier. Wir sind nicht wie jene, die Tiere töten, um sie im Reservat zurückzulassen. Ein solches Verhalten gegenüber Tieren haben die Vorfahren uns nicht beigebracht.«

Um zu verstehen, wieso Campfire zum Teil heftig angefeindet wird, muß man einen Blick auf die internationale Tierschutzbewegung und ihre Beweggründe richten. Kaum ein anderes Thema erregt die Gemüter vieler Menschen in Nordamerika und Westeuropa so sehr wie das Aussterben der großen, sympathieträchtigen Tierarten. Sei es das Verschwinden von Gorillas, Pandas und Tigern oder das Abschlachten von Nashörnern und Elefanten, die Schlagzeilen sind so groß wie das Mitgefühl. Dabei wird dort am lautesten geschrien, wo der Mensch sich der Natur fast gänzlich entfremdet hat. Der Schmerz, den wir bei Bildern von den letzten Nashörnern spüren, ist auch ein Schmerz über unsere naturferne Lebensweise. Dabei entstehen Mythen, die sich bekanntlich nur schwer überwinden lassen, so auch der Mythos vom Aussterben bestimmter Arten. Paradebeispiel ist wiederum der Elefant, von dem es in Afrika 600 000 Exemplare gibt, mehr als die Parkgebiete ernähren können. In Asien, wo noch höchstens 60 000 wilde Elefanten leben, müßten die Tierschützer viel lauter Alarm schlagen, aber Asien hat man schon den Menschen zugesprochen, hat es aus der Warte des Naturschutzes abgeschrieben, während Afrika als letzte zoologische Traumstätte fortbestehen soll. Emotionalität und Irrationalität verhindern eine sachliche Diskussion, etwa um die Praxis des *culling*s, dem regulierten Töten von Elefanten durch die Wildhüter. Blutgetränkte Bilder werden den Beteuerungen der Verantwortlichen entgegengehalten, man müsse den Bestand unbedingt regulieren, um ökologische Katastrophen zu vermeiden. Am schlimmsten ist aber, daß der Tierschutz immer noch zu wenig auf die Meinung jener Menschen hört, die den Tieren räumlich und geistig noch nahe stehen, die den Geruch eines Impalas kennen, die Spuren der Dickhäuter datieren und aus Rinde, Beeren, Blättern und Stengeln Heilmittel gewinnen können.

Eine erschreckende Stille
lag über dem Land

Ruanda. März 1994

Eine erschreckende Stille lag über dem ganzen Land.

Als sei das Schweigen die gemeinsame Sprache von Menschen und Tieren. Der Gorilla mit dem silbernen Rücken, der so aussah wie ein *capo de tutti capi*, starrte uns mit selbstsicherer Autorität an. Wir näherten uns, bis er aufsprang und ein Brüllen hören ließ, das uns niederstreckte in die unterwürfigste Haltung, zu der wir in der Lage waren.

Die schlammigen Straßen bestanden vor allem aus Kurven. Über die steilen Hänge waren kleine Häuser und winzige Felder verstreut. Wenn wir anhielten, versammelten sich innerhalb von Minuten Hunderte von meist jungen Menschen, die nicht lachten, selbst wenn ein Foto von ihnen geknipst wurde. Vor jedem Dorf stand eine imposante Tafel, die von der Partnerschaft mit Rheinland-Pfalz im allgemeinen sprach und einem deutschen Städtchen im besonderen. Abgesehen von dieser Absichtserklärung hatte die Völkerfreundschaft keine sichtbaren Spuren hinterlassen.

In einem Café am Wegrand sprachen wir einen französischen Offizier in Uniform an, der hereinstolzierte, als gehöre ihm das Etablissement. Er stellte immer nur Gegenfragen.

– Was macht ihr hier?
– Reisen.
– Ihr habt hier nichts verloren.
– Wie bitte?
– Verschwindet aus diesem Land, und zwar schleunigst.

Ich traute mich nicht, ihn zu fragen, ob er für den französischen Berater arbeite, von dem gesagt wurde, er sei die innere Stimme des Verteidigungsministers.

Alle paar Kilometer wurden wir von Straßenkontrollen aufgehalten. Nicht Polizei, nicht Armee, sondern schwer bewaffnete Halbstarke in Fetzen paramilitärischer Kluft. Sie umzingelten das Auto, blickten uns mit blutunterlaufenen Augen an und sagten nichts, verlangten nichts, warteten nur, bis wir eingeschüchtert genug waren, daß sie mit der Genugtuung eines grausamen Lächelns uns durchwinken konnten. Wir blickten in die Rückspiegel, bis sie nicht mehr zu sehen waren. Nach der Ausreise an einem Grenzübergang in Südosten des Landes, spürten wir stundenlang ein starkes körperliches Gefühl der Erleichterung.

Wenige Tage später brach in Ruanda der schlimmste Massenmord unserer Zeit aus. Wenn ich die Nachrichten im Fernsehen sah, schrie ich manchmal in meiner Wohnung. Ich rief jede Organisation an, von der ich wußte, daß sie in Afrika aktiv war, und fragte, ob ich irgendwie helfen könnte.

Die Antwort lautete immer gleich: NEIN.

Jede Regenzeit ein Neuanfang

Daressalam. April 1996

Endlich kommt der Regen über Dar-es-Salaam, sturmflutartig, mit der Gewalt eines Rachegottes, der die Menschen für ihre Ungeduld strafen will. Die Bewohner der Slums, die sich – wie auf dem afrikanischen Kontinent üblich – in tieferliegenden Senken am Stadtrand befinden, werden über Radio und Zeitung aufgefordert, ihre Behausungen aufzugeben. Als könnten sie es sich leisten, während der Regenzeit in ein Hotel umzuziehen oder auf ihrem Landsitz zu verweilen. Feuchtigkeit kriecht durch Wände und Kleider, in die Bücher und Geldscheine hinein, benetzt jeden Flecken der eigenen Haut, bis man die Hoffnung aufgibt, jemals wieder trocken zu werden. Aus Schlaglöchern werden Tümpel, die Hauptstraßen verstopfen ebenso wie die veralteten Kanalisationsrohre, die Verkäufer von Regenschirmen in Regenbogenfarben verzeichnen Hochkonjunktur. Das satte Grün, aus dem Exil zurückgekehrt, behauptet sich gegen das Meer und den Himmel, in grauer Griesgrämigkeit vereint. Blitze schlagen ein und töten, wie jedes Jahr, einige Stadtbewohner, manche im Schlaf, manche auf dem Weg zur Arbeit. Der Wassernotstand ist abgewendet, zumindest für die nächsten Monate, bis die Sonne das Meer vom Himmel trennt, die touristische Saison lächelnder Palmen eröffnet und den Pegelstand der Flüsse unter die Marke des Notwendigen drückt.

Nichts Neues also, von außen betrachtet. Daressalam ist größer geworden, aber nicht urbaner. Noch immer wird man beim Aufwachen am Rande der Innenstadt von quakenden Fröschen und muhenden Kühen begrüßt. Noch immer sitzen manche Ministerien in verwitterten Kolonialgebäuden, die schwarzen Ausschlag bekommen, wenn der regelmäßige Anstrich ausbleibt. Noch immer erhält Tansania viel Entwicklungshilfe, und noch immer sieht man es dem Land nicht an.

Hinter den scheinbar zeitlosen Kulissen hat es aber natürlich Veränderungen gegeben, nur gehen die Meinungen auseinander, ob zum Besseren oder zum Schlechteren. Die Kriminalität etwa ist spürbar angestiegen (selbst ein deutscher Schäferhund konnte mitten am Tag einen Spaziergänger an der schönen Oyster Bay nicht vor einem Raubüberfall bewahren), die sozialen Diskrepanzen nehmen zu, Staatsangestellte werden massenhaft entlassen (letztes Jahr 50 000 von ihnen). Viele ambitionierte Programme sind eingegangen. Das Community Development Theatre, ein volksnahes Theater, das eine aufklärerische Rolle auf den Dörfern spielen sollte, ist so klammheimlich versandet, daß keiner meiner Gesprächspartner mir sagen konnte, wann und wie es endete. Die Demokratisierung zeigte bislang zwei Gesichter: Auf Sansibar, der kulturell und historisch sehr eigenen Insel im Indischen Ozean, hat die politische Repression wieder zugenommen. Wie in einigen anderen afrikanischen Ländern hat nach der ersten Euphorie ein *backlash* stattgefunden, die zunächst verunsicherten Führungsschichten und Regierungsparteien haben Orientierung und Selbstbewußtsein wiedergewonnen und dafür gesorgt, daß sie die ersten freien Wahlen gewinnen. So geschehen im Nachbarland Kenia, und so auch, nach den Parlamentswahlen Ende 1995, auf Sansibar. Die regierende *CCM* feierte ihren 51%igen Sieg mit neuen Repressalien gegen oppositionelle Kreise. In bewährter Manier fror der Westen die eine oder andere Zahlung ein, bis Gras über die Sache gewachsen war. Auf dem Festland, wo die CCM eine glücklose und zerstrittene Opposition wenig fürchten muß, werden dagegen Fortschritte vermerkt. Wie ein schwedischer Diplomat berichtet, der einer multinationalen europäischen Delegation zur Beratung und Hilfe in Sachen Demokratie vorsteht, können Parteien ungehindert arbeiten, das Parlament wahrt die legalen Prozeduren, und die

Presse ist frei, wenn man materielle Hindernisse außer acht läßt. Auf den Holzverschlägen am Straßenrand, dem Regen schutzlos ausgesetzte »Kioske«, werden etwa zwanzig verschiedene Zeitungen angeboten, von denen die meisten in den letzten eineinhalb Jahren gegründet wurden (etwa die interessante englischsprachige »The Guardian«). Doch die Wirtschaft darbt. Sie ist zwar von den regulativen Ketten der »sozialistischen« Ära befreit, nicht aber von der Oligarchie und der Abhängigkeit von den Geberländern.

Kein Wunder also, daß auch die Buchbranche, wenn man denn die Bezeichnung überhaupt anwenden darf, keineswegs blüht. Während in dem schicken Laden A Novel Idea im europäischen Einkaufszentrum Slipway große Bildbände Afrikas Natur und Kultur feiern, verstauben in den einheimischen Buchhandlungen einige Schulbücher, Schreibhefte, ein altes Exemplar mit landeseigener Ideologie und einige Postkarten. Von Adam Shafi, einem der bedeutendsten Romanciers, oder von Aniceti Kitereza, dem Schöpfer eines auf dem ganzen Kontinent einmaligen Werkes traditioneller Erzählkunst, fehlt jede Spur. Wir haben nur eine Buchhandlung, die den Namen verdient, sagt der weißhaarige Adam Shafi, und das ist der Laden des staatlichen Verlages Tanzania Publishing House. Kaum Buchhandlungen, leere Regale – daran sei der Staat schuld, meint einer, der es wissen muß: John Karugendo, Verleger von Tanzania Publishing House. Anfang der Siebziger habe es noch über 50 Buchläden in Tansania gegeben. Dann hat die Regierung ein Monopol auf Schulbücher errichtet, und der Buchhandel ging ein, denn wer als Buchhändler keine Schulbücher anbieten kann, der macht zu wenig Umsatz. Das System funktionierte auf altbekannte zentralistische Weise: Das Institute for Education erarbeitete die Manuskripte, die an die staatlichen Verlage weitergereicht wurden, die ihrerseits die druckfertigen Vorlagen an die staatlichen Druckereien weitergaben, die wiederum die Auflage an den staatlichen Buchvertrieb auslieferten. Seit der Liberalisierung muß die Regierung die

Bücher auf dem freien Markt auswählen, die Schulen müssen die Bücher selber erwerben. So kommen Buchhandlungen wieder auf. Karugendo lächelt zuversichtlich: Wir müssen jetzt von neuem beginnen, aber wir sind auf dem richtigen Weg.

Der verschmitzte Thomas Kamugisha, der die wagemutige Aufgabe übernommen hat, mit TEPUSA einen Buchhandelsvertrieb aus dem Nichts aufzubauen, spielt im gemeinsamen Gespräch den Advocatus Diaboli. Es gebe eigentlich noch keine Buchläden, denn es fehle an ausgebildeten Buchhändlern. Zwar stellt TEPUSA, die auf eine holländische Anschubfinanzierung bauen kann, gerade einen Katalog mit 1200 Titeln zusammen, aber es gibt zu wenig Abnehmer. Nur einige wenige Läden in den größten Städten seien zuverlässige Partner, die ihr Sortiment pflegen, sich um Neuerscheinungen kümmern und mehr einkaufen als nur Lehrmittel.

Ohne den Schulbuchbereich kann kein Verlag in Afrika aus eigener Kraft überleben. Selbst Romanautoren hängen von den Lehrplänen ab. Nennenswerte Honorare erhalten sie nur, wenn ihr Buch für den Unterricht ausgewählt wurde. Pro Jahr verkaufen sich dann 2000–4000 Exemplare. Bei nicht berücksichtigten Romanen braucht es viele Jahre, bis die Startauflage von 2000–3000 Exemplaren abgesetzt ist. In Afrika gestalten die Beamten im Bildungsministerium die Bestsellerlisten.

Es gibt zudem keine Tradition, Bücher zum Vergnügen zu kaufen und zu lesen. Eine Lesekultur ist noch nicht entstanden, erklärt Manfred Ewel vom Goethe-Institut, einer der Aktivposten in der Kulturszene Daressalams, so wie es auch an einer Mittelklasse fehlt. Weil es sich jung am besten lernt, wurde 1991 ein Kinderbuchprojekt namens COLD ins Leben gerufen, finanziert von der kanadischen Entwicklungshilfe. Bis 1996 hatte man hundert Kinderbücher initiiert. Von jedem Titel nahm COLD 3000 Stück ab, wobei der Verleger die Verpflichtung einging, 5000 aufzulegen. Die Förderung ging über den Ankauf von Büchern hinaus – Computer wurden geliefert, Autoren und Illustratoren, Verleger und Lektoren geschult. Das Niveau der Kinderbücher ist sichtbar gestiegen. Doch es gab auch die üblichen Nachteile. Viele Verlage wurden nur wegen dieser Förderung gegründet. Die Jungverleger staunten, wie schnell sich in dieser Branche Geld verdienen läßt. Die ersten Gewinne investierten sie anderweitig, etwa in Privatfahrzeugen. Die Zahl der seriösen Verlage blieb niedrig.

An erster Stelle steht Tanzania Publishing House, vor dreißig Jahren gegründet und in den Jahren seitdem durch alle Täler und über alle Gipfel geschritten. 1996 wurden fünfzehn Titel verlegt, davon vier Romane. Das sei für hiesige Verhältnisse sehr viel, fügt der Verleger schnell hinzu, weil er fürchtet, daß ich diese Zahl nicht zu würdigen wüßte. Seit drei Jahren wird die Privatisierung des Verlages vorangetrieben, bei etwas Regen und viel Trockenzeit. Geplant ist ein *management buyout*, was nichts anderes bedeutet, als daß die 30 Angestellten gemeinschaftlich Inhaber werden sollen. Die Verhandlungen ziehen sich aus finanziellen Gründen hin. Um 51% zu übernehmen, müssen die Mitarbeiter 36 Millionen tansanische Schillinge (etwa 50 000 Euro) aufbringen. Bislang seien sechs Millionen zusammengekommen. Da die Banken sich weigern, in einem für sie so ungewöhnlichen Fall Kredite zu gewähren, wandte man sich an den Pensionsfonds mit der Bitte um ein Darlehen. Dort wurde die Idee begrüßt, der Vorstand bewilligte das Darlehen (26 Millionen, das sind doch Peanuts für uns, sagten sie), doch die Zahlung bleibt weiterhin aus. Der Neuanfang beim Tanzania Publishing House ist verschoben.

Als Autor sieht Adam Shafi keinen Grund für Optimismus. Das Manuskript seines dritten Romans liege seit sechs Jahren bei seinem Verleger Walter Bgoya, einst der weithin bekannte Direktor von Tanzania Publishing House und seit einigen Jahren selbständiger Verleger mit politischen Ambitionen. Shafi hat den vierten Roman bald fertig, doch wann und wo der dritte erscheinen wird, steht in den Sternen. Autoren in Tansania genießen keinen Respekt, sie erhalten nicht einmal richtige Honorarabrechnungen, klagt er. Den jährlichen Zahlungen könne er weder entnehmen, wie viele Exemplare verkauft wurden, noch wie hoch die Auflage oder der Nachdruck sei. »Wir Autoren versuchen uns endlich zu organisieren. Die Schriftstellervereinigung existiert zwar schon eine Weile, aber bislang war sie nicht so aktiv. Wir versuchen sie jetzt zu reaktivieren, damit sie eine effektive Vertretung der Autoren wird.« Zum Abschluß gesteht mir Adam Shafi, dessen Roman »Die Sklaverei der Gewürze« auf Deutsch erschienen ist, sichtbar gerührt, daß unser Gespräch sein allererstes Interview gewesen und glücklich sei, als Autor auch dies einmal erlebt zu haben.

Auf der Suche nach einer Erklärung für die Mißachtung der Autoren stoße ich erneut auf den hellsichtigen Thomas Kamugisha. Zur Kolonialzeit seien die Schulabgänger angesehen gewesen, denn sie erhielten gute Stellen. Wer für die Regierung arbeitete, war ein wohlhabender Mann. Ausbildung galt als wertvoll. Heute erhalten selbst Universitätsabsolventen keine Arbeit, sie genießen nicht mehr den Status, den ein Akademiker vor zwanzig Jahren genoß. Denn die meisten Reichen haben gar nicht studiert, manche sind halbe Analphabeten. Sie kennen sich mit Korruption und schmutzigen Geschäften aus. Sie avisieren fiktive Warenlieferungen, die Regierung bezahlt sie für diese reinen Absichtserklärungen. Die Akademiker dagegen werden verhöhnt: Du hast einen Abschluß, aber keinen Job. Du treibst dich den ganzen Tag herum. Du kannst dir nicht einmal ein Auto leisten. Wieso also bist zur Schule gegangen? So ist es auch mit den Autoren. Du bist ein Autor, na und? Du hast kein Geld, du bist ein Nichts. Intellektuelle werden verachtet. Kein Wunder, fügt Kamugisha nach einem Blick hinaus in den Regen hinzu, Regenschirme verkaufen ist einträglicher.

Ein letztes Bild von Tansania: Auf der Dachterrasse des Flughafens stiehlt eine übermütige Krähe ein Päckchen Chips von der Auslage der Bar, fliegt mit der Tüte im Schnabel auf die nächste

Mauer und pickt an der Folie. Die Verkäuferin schlurft hinterher, gebremst von ihrem schweren Lachen. Die Krähe wartet, bis die Frau ganz nahe herangekommen ist, dann schwingt sie sich in die Luft und flattert mit ihren unbezahlten Chips davon. Die Heiterkeit auf der Dachterrasse, die allgegenwärtige Heiterkeit in den Tagen zuvor, steht in einem verwirrend gegensätzlichen Verhältnis zu den Zuständen im Land.

Der Kampf um Bälle und Köpfe

Kapstadt. August 2005

Das Training beginnt irgendwann nach fünf Uhr am Nachmittag auf einem der zehn Plätze. Die Spieler trudeln ein, einige in Trikots und Fußballstiefeln, die meisten in lockerer Kleidung und abgerissenen Turnschuhen. Ein Platz wird frei, die Spieler müssen sich den buckligen Rasen mit einer der anderen wartenden Mannschaften teilen. Es ist kurz vor sechs, und die jungen Männer passen sich den Ball noch eine gute Viertelstunde zu, bis es so dunkel wird, daß man nur noch den Glimmstengel im Mund ihres Managers erkennen kann.

Fußball in dem Township Imizamo Yethu am südlichen Rand von Kapstadt ist mehr als einen Kontinent entfernt von der geölten Maschinerie der FIFA, die Südafrika zum Ausrichter der WM 2010 erklärt hat. Zwar hat einmal ein Ortsverband existiert, aber er ist nach kurzem und streitreichem Bestehen wieder aufgelöst worden. Die zusammengewürfelten Mannschaften beteiligen sich an Turnieren und Ligen, die so unbestimmt sind wie das Training. Und die Aufstellung richtet sich nicht nach Fitneß oder Form, sondern nach dem Kleingeld in den abgewetzten Hosentaschen der Spieler. Wer die Münzen für die Busfahrt nicht zusammenkratzen kann, hat sich für das Auswärtsspiel nicht qualifiziert. Allerdings wird keiner den Managern der verschiedenen Mannschaften mit so schillernden Namen wie African Brothers oder Eleven United vorwerfen, es mangele ihnen an Visionen. »Ich habe drei Spieler, die ich auf die WM 2010 vorbereiten möchte«, sagt Sipiwe Cele, einst Fischer von Beruf. Auch Andile Ncatsha, der jüngste unter den Managern, erwartet Großes von dreien seiner Talente. Wobei der Titel Manager, so gewichtig er auch vorgetragen wird, falsche Erwartungen weckt. Sipiwe Cele verfügt als Gelegenheitsarbeiter über Freizeit und ein Handy, mit dem er das Organisatorische abwickelt. Er verdient nichts an der Mannschaft, er kann nichts in sie investieren. Wie die Spieler muß er einen bescheidenen Mitgliedsbeitrag entrichten und alle Fahrten selbst bezahlen. Einmal im Monat treffen sich die Manager in dem Gemeinschaftszentrum des Townships und besprechen das wenige, was sie ausrichten können. Die Gemeinde kümmert sich nicht um die Plätze. Die Torpfosten verlieren an Haltung, die Linien sind nicht mehr erkennbar – der Ball ist mit Sicherheit im Aus, wenn er im angrenzenden Graben landet. Der Schiedsrichter, überarbeitet und schlecht ernährt, läuft nicht auf Ballhöhe mit, sondern geht einen bequemen Radius um den Mittelpunkt ab. Der Fußballverband bietet keinerlei Hilfe an, und Sponsoren sind rar. Die wenigen Lichtblicke werden nachdrücklich in Erinnerung gebracht, wie Schöpfungsmythen. Ein weißer Geschäftsmann aus der Stadt hatte für einige Jahre eine der Mannschaften unterstützt, worauf ihm der Ehrenname *sipo* verliehen wurde – die Gabe. Ein schottischer Tourist, der eine Führung durch das Township erhalten hatte, schickte einen Satz Trikots von Celtic Glasgow. Andile Ncatsha trägt die grün-weißen Streifen mit Stolz. Allerdings fallen die Turnhosen etwas ab – der Schotte hat nur Leibchen geliefert. Aufgrund seiner Spende ist die Mannschaft in ›Celtic Lions‹ umbenannt worden. Aber diese Unzulänglichkeiten sind nebensächlich. »Es gibt nur einen Grund, wieso ich hier stehe«, sagt Sipiwe Cele. »Wer zum Spiel kommt, bleibt den Drogen und der Gewalt fern. Für unsere Kinder ist Fußball die einzige organisierte Freizeitbetätigung.« Die jüngeren Spieler sind mit offensichtlicher Begeisterung bei der Sache. Die widrigen Umstände scheinen ihnen wenig auszumachen. »Wir Schwarzen«, bemerkt Sipiwe Cele von der Seitenlinie aus, »haben nur die Wahl zwischen Fußball und Fernsehen. Und gelegentlich gibt es eine Beerdigung.«

Auf der anderen Seite des Tafelbergs, in Bonteheuwel, ist die Fußballwelt zwar nicht in Ordnung, aber es gibt ein Vereinshäuschen, an dessen Außenmauer die Spielzeiten und Mannschaftsaufstellungen der insgesamt zwölf Klubs hängen (unter den schillernden Namen ragt Phantom Orion heraus). Die Plätze sind planiert und mit Kreide eingerahmt, die Spieler laufen in einheitlichen Trikots auf und mit Stollen an den Füßen. Und mit Harry Wyngaard verantwortet ein richtiger Trainer, der Kurse des südafrikanischen Fußballverbandes absolviert hat, die Jugendarbeit. Einer der Plätze verfügt neuerdings sogar über Flutlicht. »Ein großer Fortschritt für uns«, sagt der Coach, »denn viele der Spieler sind tagsüber beschäftigt.« Aber auch hier, wo die untere Mittelschicht kickt, ist Geldmangel ein Dauerproblem. Mit den siebzig Rand (knapp zehn Euro) Saisonbeitrag kann wenig finanziert werden. Die Klubs organisieren Karaoke- und Spielabende, sie suchen ständig nach Sponsoren, genauso vergeblich wie die Manager aus Imizamo Yethu. Auch Harry Wyngaard betont die soziale Bedeutung von Fußball. »Wir haben viele junge Leute davor bewahrt, Gangster zu werden. Ihre Eltern kümmern sich nicht um sie. Etwa tausend Jungs spielen in unseren Klubs, in allen Altersklassen. Das ist nicht wenig, bei hunderttausend Einwohnern in unserem Viertel.«

Die Spieler in Imizamo Yethu sind alle »schwarz«, in Bonteheuwel spielen fast nur »Farbige« – die Terminologie aus Zeiten der Apartheid wird weiterhin verwendet. »Das ist keineswegs Absicht der Vereine«, sagt Harry Wyngaard, »in diesem Viertel leben halt nur »Farbige«.« Man kann nicht über Fußball in Südafrika reden, ohne das leidige Thema des Rassismus anzuschneiden. »Wenn wir zu einem Spiel in die Townships fahren«, erzählt der Trainer, »werden wir von den Schiedsrichtern betrogen. Früher wurden wir beraubt, rechtfertigen sich die ›Schwarzen‹, heute berauben wir euch.« Zwar behauptet Wyngaard, in seinen Mannschaften gebe es zwischen »Schwarzen« und »Farbigen« keine Probleme. Doch Untersuchungen von Studenten des *Insti-*

tute for Social Development an der University of Western Cape haben einen erheblichen Rassismus in den Sportmannschaften der drei großen Universitäten Kapstadts festgestellt, zwischen sogar »Schwarzen« unterschiedlicher Ethnien. Integration finde kaum statt, der fremde Mitspieler werde auf dem Platz ignoriert und in den Duschen geschnitten. Beschimpfungen und Beleidigungen seien an der Tagesordnung. Und die Trainer bevorzugten Mitglieder der eigenen Gemeinschaft. So zumindest nehmen es die Spieler wahr.

Die Regierung legt eine erstaunliche Apathie an den Tag. Der erste Sportminister der ANC formulierte vor knapp einem Jahrzehnt ein imposantes White Paper unter dem Motto: Lassen wir die Nation spielen. Der Mangel an Sport- und Erholungsmöglichkeiten für die benachteiligten Bevölkerungsgruppen, so wurde einleitend festgestellt, sei eine der brutalsten Vermächtnisse der Apartheid. Neben einigen Synergytabellen und ermutigenden Losungen (»Besser eine Kerze der Hoffnung anzünden, als die Dunkelheit verfluchen«), wurde ein umfangreicher Plan vorgelegt. So gut wie nichts davon ist verwirklicht worden. Das Sportministerium entwickelte in der Folgezeit eine Obsession mit der kosmetischen Veränderung des südafrikanischen Sportes durch Quotenregelungen. Die Zahl »schwarzer« Werfer im Kricket oder »farbiger« Flügelstürmer im Rugby wurde zur Chefsache erklärt, Imagepflege stand an erster Stelle. Für die Entwicklung des Breitensports blieben kaum Ressourcen übrig. Die kritische Analyse der Verhältnisse von damals kann unverändert auf die heutigen Zustände übertragen werden. Weiterhin wird Sport nicht als eigenständiges Fach an den staatlichen Schulen unterrichtet. Da viele Schulen aus Sicherheitsgründen nachmittags geschlossen werden, haben die Schüler keine Ausweichmöglichkeit. Weiterhin werden Spitzensportler mit Millionen gefördert, während die breite Mehrheit der Bevölkerung keinen Zugang zu organisiertem Sport erhält. Und Fußball, die mit Abstand beliebteste Sportart, ist ein Stiefkind geblieben. Obwohl Nelson Mandela mit seinen Haftgenossen auf Robben Island gekickt hat und Oliver Tambo, ein weiterer führender ANC-Widerstandskämpfer, ein berüchtigt flinker Linksaußen war.

Die Vernachlässigung von Fußball sei die Folge mangelnden Selbstbewußtseins, meint die Sportwissenschaftlerin Professor Marion Keim Lees, die sich seit vielen Jahren mit der Frage beschäftigt, inwieweit Sport als Mittel zur sozialen Integration dienen kann. Man scheue davor zurück, sich zum Fußball zu bekennen. Die neue Elite des Landes betrachte Fußball als minderwertige Betätigung und orientiere sich auch sportlich nach oben. Die Kinder spielen Kricket, die Erwachsenen favorisierten Golf. Das erkläre, wieso so wenige erfolgreiche Geschäftsleute Fußballmannschaften sponsern. Das Stigma von einst verhindere, daß die Wirtschaft Fußball zur Werbung nutzte. Zudem fehle es an Vorbildern. Die wenigen erfolgreichen ›schwarzen‹ Spieler seien ins Ausland gezogen. Benni McCarthy etwa, vor zwei Jahren Torschützenkönig der portugiesischen Liga, ist in den Medien kaum präsent. Im Gegensatz zu dem Weltklassegolfer Ernie Els.

Fußball bleibt der Sport der »Schwarzen«. Die einzigen weißen Gesichter bei den Spielen der Premiership, der ersten Liga, sind die Sicherheitsoffiziere vor dem Stadion. Rugby hingegen ist der Sport der »Weißen«. Die Gesellschaft ist zwischen Fußball und Rugby gespalten. Bei der Rugby-WM 1995 haben viele »Schwarze« und »Farbige« ein fast ausschließlich ›weißes‹ Team unterstützt, ihre persönliche Glaubenserklärung an den Geist der Versöhnung und des Neubeginns. Südafrika gewann die Trophäe, und Nelson Mandela hielt sie zusammen mit dem burischen Kapitän François Pienaar hoch. Vier Jahre später verlor die südafrikanische Fußballmannschaft das Endspiel des Africa Cups gegen Ägypten, und »weiße« Rugbyfans in einem vollen Stadion in Pretoria jubelten, als das Endergebnis über Lautsprecher verkündet wurde. Nichts verdeutlicht mehr, wie sehr ein großer Teil der »weißen« Bevölkerung das neue, tolerante, vielfältige Südafrika mißachtet. Das hat sich bis zum heutigen Tage nicht geändert, und es wäre zu hoffen, daß als sportliches Minimalziel bei der Weltmeisterschaft im eigenen Land Fans aus allen Bevölkerungsgruppen auf den Rängen zusammenkommen, um die Nationalelf Bafana Bafana anzufeuern.

Afrika – Kakafrik – Rikafa

Wien/Berlin. April 2007

Neuerdings bewirbt McDonald's – zumindest in Wien – seine nahrhaften Produkte mit einer merkwürdigen Werbung. Eine rundum positiv wirkende Frau steht vor einem Kartoffelfeld und sagt: »Ich habe immer geglaubt, die Pommes kommen aus Dschibuti.« Die Frau wird als Qualitätsscout Maria Proska-Poraheim vorgestellt, und der Acker im Hintergrund wirkt durch und durch vertraut, heimisch, zentraleuropäisch. Ein wenig muß man sich schon wundern, daß bei McDonald's Qualitätsscouts arbeiten. Besonders merkwürdig ist aber dieses ›Dschibuti‹. Wieso sollten die Kartoffeln am Schwedenplatz im Ersten Bezirk gerade aus der Wüste von Dschibuti kommen? Der kleine Staat am Horn von Afrika ist eher bekannt als Militärbasis im ewigen »Krieg gegen Terror«, und einigen wenigen vielleicht noch als Herkunftsland des wunderbar gewitzten Erzählers Abderahman Waberi. Aber die Werbeagentur hatte bestimmt weder Flugzeugträger noch absurde Kurzgeschichten im Sinn. Dschibuti ist einfach ein schönklingender Lückenbüßer in der eigenen Phantasie; ein Signifikant für eine bedrohliche Fremde – undurchschaubar, unberechenbar und auf jeden Fall ganz weit weg. Mit einem Wort: dort, wo die Qualitätsstandards des Westens nicht hinreichen.

Dschibuti wird benutzt wie früher Timbuktu. Es verweist auf etwas, das man nicht näher kennenlernen möchte, auf all das, was jenseits der zivilisierten Welt liegt. Es hat Timbuktu wenig geholfen, daß es eine der führenden Bibliotheken der Welt beherbergte und jahrhundertelang Hauptstadt eines hochentwickelten Reiches war. In letzter Zeit bin ich bei unterschiedlichen

Anlässen gefragt worden, wieso Afrika und seine Kultur von uns Europäern weiterhin ignoriert und mißachtet werden (impliziert in der Frage war natürlich ein »... obwohl wir doch eigentlich heutzutage so aufgeklärt und unvoreingenommen sind«). Nun kann ich antworten: Weil die Kartoffeln nicht aus Dschibuti stammen. Aus Afrika kommen nur Versatzstücke für unsere übersättigte und gelangweilt dahinplätschernde Kultur. Afrika ist ein Selbstbedienungsladen für jeden, dem gerade die Ideen ausgegangen sind und der sich einiges verspricht von ein wenig tropischer Würze.

Etwa für Björk, deren neue CD »Volta« dieser Tage unkritisch gefeiert wird. In einer führenden Wochenzeitung wird die Isländerin gar vorgestellt als »elektronische Schamanin«. Hohes Lob für jemanden, der vor allem die Rituale des Sampelns beherrscht. »Sie habe die eineinhalb Jahre der Kollaborationen und Aufnahmen, unter anderem in Mali, in Asien und auf einem Boot in Tunesien, als eine Art lange Improvisation erlebt, hat Björk erzählt.« Mali? Ach ja, Mali! Für die Welt der Popmusik etwa das, was Dschibuti in der Pommesszene darstellt. Mali ist im Kommen, hört man allenthalben. Schon André Heller wußte das, als er einen Virtuosen der Kora im Hintergrund spielen ließ, während im Scheinwerferlicht ein Gaukler aus Äthiopien mit Bällen jonglierte. Auch Grönemeyer wußte das, als er das blinde Paar Amadou et Miriam auf die Bühne holte, um gemeinsam die Fußball-WM 2006 zu feiern. Nur zu verständlich, daß Björk auf der Suche nach unverbrauchten Rhythmen auch dort vorbeischaute.

»Ich hatte eigentlich schon das gesamte Album fertig ... aber manchmal ist es am besten, wenn man völlig spontan handelt ... Hat man sich dazu entschlossen, muß man sich von den Synergien treiben lassen und alle kreativen Türen offen halten. Ich flog also nach Mali, um Toumani Diabaté zu treffen, und ich hatte drei unterschiedliche Texte im Gepäck. Erst vor Ort wollte ich entscheiden, während der Aufnahmen, weil es etwas ganz anderes ist, wenn man sie gemeinsam mit anderen Musikern im Studio singt. Der Song ist als Reaktion auf eine Schlagzeile über eine Palästinenserin entstanden, die in ein Krankenhaus eingeliefert wurde, weil sie schwanger war, und sich dann selber in die Luft sprengte. Letztlich entschied ich mich für diesen Text; die Entscheidung fiel erst in letzter Minute in meinem Hotelzimmer ... im Zustand eines absoluten Jetlag. Ich wählte diesen Text nur aus, weil die Silbenfolge besser paßte.« Da hat die schwangere Palästinenserin aber Glück gehabt; man stelle sich nur vor, ihr Name hätte eine Silbe mehr gehabt ...

Björk wurde 1965 in Reykjavik geboren, Toumani Diabaté kam im selben Jahr in Bamako zur Welt, als Sohn eines Griots, in einer Familie, die seit dem 13. Jahrhundert unterbrochen Griots stellt, jene westafrikanischen Dichter und Sänger, Chronisten und Weisheitsträger, die das Rückgrat der traditionellen Kultur bilden. Berühmt ist der Satz von Amadou Hampaté Bâ: »Wenn ein Griot stirbt, verschwindet eine ganze Bibliothek.« Zufällig war Peter Pannke, Deutschlands führender Kenner jenes Phänomens, das widersprüchlich und unklar unter »Weltmusik« subsumiert wird, und Autor des verzaubernden Buches »Sänger müssen zweimal sterben«, gerade zu Besuch bei dem Kora-Meister Diabaté in Bamako. Er berichtet von einer erstaunlichen Nicht-Begegnung: »Toumani hatte am Nachmittag des vorigen Tages mit Björk an einem gemeinsamen Stück gearbeitet. Er lud mich ein, am nächsten Morgen mit ihm ins Bogolan-Studio zu fahren, um die Aufnahme zu hören. Doch die Pop-Prinzessin war schon wieder abgeflogen, ohne sich zu verabschieden. Toumani fand nur eine Nachricht ihres New Yorker Partners Matthew Barney auf seiner Mailbox vor: ›*It was nice in Mali, thank you! See you next time in Iceland!*‹ Der Tontechniker war besonders verärgert. ›Vorhin war sie hier, hat sich die Aufnahme auf ihren Laptop überspielt, und schon war sie wieder weg! Diese Leute wissen nicht, wie man sich zu benehmen hat! Sie betreten ein Land, als ob sie in ein Restaurant gehen. Beim Rausgehen begleichen sie schnell die Rechnung, und kurz darauf haben sie schon wieder vergessen, wo sie gewesen sind.‹«

»Hope« hat Björk den Song betitelt, bei dem der großartige Toumani Diabaté mitspielen darf. Tatsächlich hört man auf der CD das Zupfen einer Kora. Doch zu welchem Zweck? Laut der Musikjournalistin der ZEIT treibt Björk mit ihrem pochenden künstlichen Beat dem virtuosen Saitenspiel von Toumani »jede Anmutung von Weltmusikkitsch aus«. Das muß man sich mal in den Ohren zergehen lassen. Wenn der Meister aus Mali alleine spielt, droht hohe Kitschgefahr, vor der er – Gudmonsdottir sei Dank – gerettet wird durch die Volt-Schamanin und ihrer kosmisch erdverbundenen Weltanschauung: »*I mean, the human race, we are a tribe, let's face it... We're all fucking animals, so let's make some universal tribal beat! We're pagan, let's just march on!*«

Ach, wenn doch die Kartoffeln aus Dschibuti kämen!

INDIEN

Die Abschaffung der Armut

Bombay. 1998–2003

Aufgepfropft auf dem Hochhaus am Gowalia Tank Chowk in Bombay, einem dreißigstöckigen Wolkenkratzer, thront eine Villa, von Kunstrasen umgeben, ausgestattet mit einem Jacuzzi und einer Schaukel, von der aus der Eigentümer den grandiosen Ausblick genießen kann, dort oben in den Wolken der Scheinwelt, weitab von dem Wirrwarr der Stadt. Der übergewichtige Herr des Hauses (des ganzen Hauses – er ist der Bauunternehmer) kann zufrieden sein, erreicht zu haben, wovon alle Reichen und Privilegierten träumen, eine Insel der Seligkeit, eine intime Utopie.

– Habt ihr keine Kinder? Habt ihr selbst denn keine Kinder?
– Hört auf, hört auf, ich bin doch nur 'ne arme Putze! Mein Geschirr ist kaputt, wer kauft mir einen neuen Topf?
– Wer Kinder auf die Straße setzt, der soll ewig verflucht sein!
– Sie haben den Brunnen zugeschüttet. Wir haben kein Wasser mehr. Jetzt ist alles vorbei!

Die Planierraupe rollt vor und zurück, sie pufft schwarze Wolken mit der gemächlichen Selbstverständlichkeit eines Pfeifenrauchers. Die Abrißkolonne arbeitet weiter, bewacht von den Polizisten, die bespuckt und beschimpft werden, während ihnen der Schweiß unter den Helmen hervorrinnt. Die Opfer sitzen im Schatten von Plastikplanen und klagen wie ein tragischer Chor, gelähmt von der unaufhaltsamen Zerstörung.

– Es ist ja nicht das erste Mal. Ich habe mein Haus schon viermal völlig neu aufbauen müssen, und jedesmal hat es mehr gekostet, als ich hatte. Was meinst du, wieso ich überall Schulden habe.

– Was sollen wir dagegen tun? Mit dem Mund, da sind wir alle mächtig stark, aber laß die da mal einen Angriff starten, da wirst du sehen, wie schnell wir alle wegrennen.

Nicht alle. Am Tag zuvor haben sich einige mit der Polizei geprügelt, einige Hütten wurden niedergebrannt. Nun haben viele der Leute in banger Voraussicht ihre Verschläge selbst abgebaut, um das Wellblech, die Pappe, das Plastik wieder nutzen oder wenigstens verschachern zu können. Selbst die rostigste Platte bringt einige Rupien ein. Auf jeder Lichtung des Blechdschungels liegen zerfaserte Bündel auf Betten, schmutzige Kartons auf Matten: das Hab und Gut aus den Hütten, die der Bulldozer bald erreichen wird. Öldosen, Wasserkanister, Fernsehantennen. Staubiges Spielzeug in abgegriffenen Tüten. Eisengestelle. In der Nähe lauern schon die Pleitegeier, die den Rest für einen Hohn abkaufen werden.

Als die burischen Siedler in Südafrika auf heftigen Widerstand der Einheimischen stießen, bildeten sie einen Kreis mit ihren Ochsenkarren und verschanzten sich hinter diesem defensiven Kokon. Mal ums Mal wehrten sie die Angriffe ab. Innerhalb ihres Kreises fühlten sie sich sicher, unberührbar von der barbarischen Welt um sie herum. Wie ein magischer Kreis wirkte dieses *laager*, und die Haltung der Siedler, eine Mischung aus partieller Blindheit und Selbsttäuschung, wurde so symptomatisch, daß der Begriff *Laager*-Mentalität geprägt wurde. Sie führte schließlich zur Apartheid und verkrüppelte ein ganzes Volk.

Der Eigentümer der Villa auf dem Hochhaus hat ein Problem. Da er nicht zu der alteingesessenen Elite von South Bombay gehört, muß er mit Geduld und Geschick jede Menge Fäden ziehen, um Mitglied der wichtigen Klubs zu werden. Neulich hat er mit Entzücken vernommen, daß der Breach Candy Swimming Club, gegründet von Briten zwischen den zwei Weltkriegen, eine Oase unmittelbar am Indischen Ozean, dessen Schwimmbecken (die Silhouette Indiens!) mit gefiltertem Meerwasser gespeist wird, ab dem 1. Januar des neuen Jahres zum ersten Mal seit Jahrzehnten wieder Mitglieder aufnehmen wird. Der Mann sitzt in seiner Villa und telefoniert eifrig. Er weiß, daß die wenigen alten Mitglieder von Anrufen überschwemmt werden, daß jeder, der sie einmal getroffen, der einmal Visitenkarten mit ihnen getauscht, der einmal ein Geschäft mit ihnen abgeschlossen hat, auf die Bekanntschaft verweisen wird, in der Hoffnung, eine der notwendigen Empfehlungen zu ergattern. Der Mann fordert alte Schulden ein, reaktiviert Beziehungen, damit er bald auf der Terrasse des Breach Candy Restaurants beim Ausblick auf den Sonnenuntergang der Stadt den Rücken kehren kann. Ein Abend im Club fördert die eigene Laager-Mentalität ungemein.

Slum. So lautet das Wort. S-L-U-M, vier Buchstaben, mit denen das Leben von den meisten Bewohnern Bombays auf einen täuschenden, einen völlig unklaren gemeinsamen Nenner gebracht wird. Slum – mal beschwört das Wort Schreckensbilder von Schmutz, Armut und Krankheit herauf, mal deutet es mit einem empörten und zugleich resignierten Finger auf halbverhungerte, verwahrloste Opfer, die schutzlos und ohnmächtig vor sich hin vegetieren. Durch seine häufige Verwendung hat das Wort wie kaum ein anderes seine eigene virtuelle Wirklichkeit geschaffen. Slum assoziiert eine Einheitlichkeit, die der Diskurs des Globalismus von seinen Kategorien fordert – Slum ist eine statistische Größe.

Wer in einer Stadtbehörde sitzt und Slum sagt, meint zugleich *encroachment*, auf Deutsch leider nur umständlich zu übersetzen: illegaler Übergriff (auf Eigentum an Grund und Boden). Denn ein Slum erstreckt sich selten über rechtmäßig erworbenes und ordentlich ins Grundbuch eingetragenes Land. Der Slum wuchert über jede Freifläche der Stadt, die nicht rigoros eingezäunt und bewacht wird. In einer einzigen schlaflosen Nacht entstehen Barackensiedlungen, ermöglicht durch die zynische Gier einer kleinen Gruppe von Ausbeutern: die Slumlords, die an Analphabeten Land verkaufen, das ihnen nicht gehört; die Politiker, die ihre schützende Hand über den Slum halten und Wählerstimmen gegen leere Versprechen eintauschen; die Beamten, die mit aller Selbstverständlichkeit regelmäßige Zahlungen einfordern, so als wären sie die Vermieter. Ein »Grundstück« von zehn mal zehn Fuß (ausreichend für eine fünfköpfige Familie; drei Viertel aller Familien hausen in einem einzigen Zimmer) kostet etwa fünfhundert Euro. Eine Grundgebühr sozusagen, zu der sich monatliche Zahlungen addieren. Hat man den Slumlord zufriedengestellt, folgt Schritt um Schritt eine trügerische Normalisierung. Wasser- und Stromleitungen werden angezapft und durch den neuen Slum verlegt. Ein Agent besorgt für bescheidene hundert Euro eine *ration card*, die einem nicht nur den Anspruch auf subventionierten Reis und Zucker gewährt, sondern auch als Personalausweis dient, mit dem man sich etwa in die Wählerlisten eintragen lassen kann.

In der Vorstellung der Wohlhabenden besteht die Topographie Bombays aus einigen sicheren Inseln inmitten eines bedrohlichen Sumpfes von Chaos und Unordnung (die beliebtesten siamesischen Zwillinge privilegierter Sprache). Inseln der Modernität, Zivilisation und Schönheit. Golfklubs etwa. Ein Golfklub ist perfekt. Nur ausgewählte Mitglieder haben Zugang, die Landschaft besteht aus verbesserter Natur – das Gras der Grüns wächst nur in eine bestimmte Richtung, und das in einer Stadt der völligen Richtungslosigkeit! Der Royal Palms Golf and Country Club in Goregaon – ja, dort wo 2003 das Weltsozialforum stattfand –, ist der beste und schönste Klub der Stadt, 18 geschniegelte und gestriegelte Spielbahnen auf einen Terrain, das einst den Borivli-Wald getragen hat. Das ist insofern von Belang, da das Waldgebiet eigentlich geschützt werden sollte, vor allem in Bombay, wo Bäume seltener sind als Europäer. Aber eines Tages wurde das Gebiet am Südzipfel des Waldes dereguliert (der Begriff für ein *encroachment* von Amts wegen), es wurde ein wenig geschachert um die *development rights*, und schließlich erhielt ein Baukonsortium den Zuschlag.

Der Borivli-Park mißt 103 Quadratkilometer und nährt zwei

natürliche Seen, die mehr als zehn Prozent der städtischen Wasserversorgung sichern. Zwischen dem Flughafen und verschiedenen Industriegebieten tummelt sich eine tropische Artenvielfalt: 59 verschiedene Säugetiere und 299 Vogelarten hat man gezählt. Im September 1999 wurde die sehr rare Atlasmotte gesichtet, die mit einer Flügelspannweite von 33 Zentimetern größte Mottenart der Welt. Sogar einige Leoparden lauern noch im Park, ernähren sich von herrenlosen Kötern. Aber die Großstadt würde ihrem Ruf als gefräßiges Monster nicht gerecht, ließe sie diese Idylle in Ruhe. Sieben Prozent des Waldes sind von Steinbrüchen, Industrieanlagen, Schnapsbrennereien und *encroachments* besetzt. Im Norden nimmt eine ebenso hervorragend organisierte wie illegale Holzfällerei überhand, im östlichen Yeoor-Wald haben sich Politiker Wochenendhäuschen bauen lassen, sind Tempel errichtet worden. Und im Süden wird gerade ein künstlicher Regenwald fertiggestellt.

Mit einem Golfplatz allein ist es selten getan. *Golf villages* sind en vogue, exklusive Areale, in denen Villen oder Apartmentblocks am Rande der Spielbahnen errichtet werden. *Golf villages*, von Stacheldraht umzäunt und von schwerbewachten Sicherheitsdiensten patrouilliert, sind nirgendwo so beliebt wie in Südafrika – alte Gewohnheiten sterben nur langsam aus. In Bombay gibt es bislang nur eines, das Royal Palms in Goregaon, ein beachtliches Paket aus Boutiquen, Restaurants, Apotheken, Schönheits- und Friseursalons. Das majestätische Klubhaus steht auf einem der höchsten Hügel der Stadt. Die Ölgemälde an den Wänden zeigen britische Aristokraten beim Tanz. Ein sanfter Walzer erklingt im Hintergrund. Von seiner Wohnung aus blickt das Mitglied auf den Miniaturozean samt artifiziellen Wellen und einem künstlichen Strand. *A world apart, an exclusive enclave* – verspricht der Glanzprospekt mit marktschreierischer Poesie. Selbst die Luftqualität ist hochwertig, wie die international angesehenen Experten von A.I.C. Watson in ihrem Gutachten bestätigt haben. *Laager*-Mitglieder können freier atmen, können in dem kleinen Aviarium Glück schöpfen oder in dem klubinternen Regenwald spazierengehen, eine optimierte Version des einstigen Wildwuchses dank der Bemühungen eines australischen Bioarchitekten, der siebzig Vogelarten importiert, Fische in den Teichen ausgesetzt und sogar eine Veterinärstation vorgesehen hat. Keine Frage: Hier ist tatsächlich »die ideale Kombination von Natur und Freizeit« gelungen.

Auf der westlichen Seite des Parks, nur wenige Kilometer entfernt, hat sich der Umweltschutz mit Hilfe der Bulldozer vehement durchgesetzt. Ein Slum ist geräumt und plattgewalzt, das *encroachment* der Armen beendet worden. Der Borivli-Park ist die grüne Lunge Bombays, argumentieren die wohlhabenden Aktivisten der BEAG (Bombay Environmental Action Group) in ihren Klagen vor den Gerichten. Wenn nicht drastische Maßnahmen ergriffen werden, wird der Park sterben! Das Gesetz muß durchgesetzt werden. Wenn wir hart bleiben, werden alle die Botschaft verstehen, und die Landbesetzungen werden aufhören. Man darf doch Landbesetzung nicht auch noch mit Duldung belohnen! Der Bombay High Court folgte dieser Argumentation und ordnete den Abriß aller illegaler Bauten an, doch was so klar beschlossen worden war, ließ sich nur schwer in die Tat umsetzen. Immerhin stehen mehr als sechzigtausend Hütten auf dem Grund und Boden des Nationalparks, die etwa dreihunderttausend Menschen Unterkunft gewähren. Das Gericht hat der Stadtverwaltung achtzehn Monate Zeit für die Umsiedlung dieser Menschen gewährt. Die ›Rehabilitierung‹ der Vertriebenen hat aber in der Praxis noch nie funktioniert. Die Verwaltung behauptet, nicht über genügend Land zu verfügen, oder sie erarbeitet Pläne, die durch politische Rücksichtnahme und Korruption zur Farce geraten. Dabei haben Bürgerrechtsbewegungen (Aktivisten in Bombay sind entweder von den Menschen oder von der Natur bewegt) aufgezeigt, daß es in Bombay unbebautes Land für Millionen von Menschen gibt, nur fehlt es am politischen Willen, teures Land armen Bürgern zur Verfügung zu stellen, wo es doch von Maklern und Bauherren viel lukrativer entwickelt werden kann. Die Lösung: dreihunderttausend Menschen sollen auf unerschlossenem Land, fünfzig Kilometer entfernt, angesiedelt werden. Ein Planwahn. Die Abschaffung der Armut durch die Entfernung der Armen.

Im Slum finden sich Tempel, Moscheen und Kirchen. Gelernte und ungelernte Arbeiter, Akademiker und Analphabeten, Muslims und Hindus, Unberührbare und Angehörige höherer Kasten leben auf engstem Raum neben- und miteinander. Wer es zu etwas Wohlstand bringt, bleibt oft wegen der Gemeinschaft dem Viertel treu. Daher die soliden Bauten, die vielstöckigen Wohnhäuser, die aus dem Meer selbsterrichteter Baracken ragen. Doch auch die eklektisch zusammengezimmerten Hütten unterscheiden sich voneinander. Jede Familie hat mit Einfallsreichtum eine Lösung für die Eigenwilligkeiten ihrer jeweiligen Enge gefunden. Viele Bewohner haben einen zweiten Stock angebaut, der über eine schmale Außenleiter erreichbar ist und der eine gewisse Intimität, einen Hort des Rückzugs bietet. Die Slumbewohner haben von renommierten Architekten Lob erhalten für ihre innovativen, improvisierten Bautechniken, die das Beste aus dem Raummangel machen. Der indische Stararchitekt Charles Correa bestätigte diesen »einfachen Menschen« ein bemerkenswertes Gefühl für Design. Würde man ihnen Grundbesitz und Verantwortung einräumen, könnten sie ihre mittelbare Umgebung und somit letztendlich den ganzen Slum entscheidend verbessern.

Medial ist die Abschaffung der Armut schon erfolgreich abgeschlossen. Im Fernsehen gibt es keine Armut, die vielen Seifenopern zeigen nie das Leben einer Slumfamilie, und wenn – in der Werbung etwa – ein Nichtshabender einen seltenen Auftritt erlebt, wird seine Armut bis zur Unkenntlichkeit verschönert: Aamir Khan, einer der bekanntesten indischen Schauspieler, spielt einen Bauern, der auf seinem Feld drei jungen und durstigen Frauen begegnet. Nicht nur verfallen die kokett bekleideten Stadtschönheiten dem rustikalen Charme des Bauern, er löscht auch ihren Durst mit Hilfe des alten indischen Seiltricks – er zieht das Brunnenseil hoch, und siehe da, ein Eimer voller gekühlter Getränke einer gewissen ungesunden Sorte taucht auf. Armut, impliziert diese erfolgreiche Reklame, ist weder ein strukturelles Problem noch ein existentieller Unterschied. Armut ist nur eine andere Art, die begehrten Konsumgüter zu lagern. Die stalinistische Vision von Bauern, die glücklich im proletarischen Paradies schuften, wird genauso erfolgreich im Kapitalismus verwendet. Außerdem können Werbetafeln – wie in Bombay vielerorts praktiziert – hervorragend die häßlichen Wunden der Stadt verdecken.

Die soziale Energie der *Laager*-Klasse erschöpft sich in Wohltätigkeit und sogenannten *public interest cases*, Klagen zum allgemeinen Wohl, zum Schutz eines Stadtgartens (d. h. Obdachlose raus) oder einer Uferpromenade (d. h. Kleinverkäufer und fliegende Händler raus). Die Vision dieser Klagen seitens der anständigen Bürger besteht in dem Ausschluß des Problems, in der Vertreibung der Massen. Die *Laager*-Mentalität erfordert eine Ideologie und eine Propaganda, um zu rechtfertigen, daß der Kinderspielplatz Vorrang vor den Menschenrechten der Obdachlosen hat, weil ansonsten unsere natürlichen Instinkte des Mitgefühls und der Solidarität störend eingreifen könnten. Die Buren in Südafrika entwickelten eine Theorie der Rassenüberlegenheit. Die privilegierten Bürger Bombays operieren mit weniger dogmatischen Vorurteilen: die Massen sind undiszipliniert, faul, schmutzig, parasitär, und zu allem Überfluß vermehren sie sich wie wild. Sie zerstören das einst schöne Bombay. Diese Stadtsicht leidet an einem grundlegenden Denkfehler: Die Massen generieren mit ihrer unglaublich billigen Arbeitskraft den Reichtum der Oberschicht, sie bieten die Leistungen an, auf die kein Bewohner der Inseln verzichten möchte.

Ein Slumbewohner liegt dem braven Steuerzahler niemals auf der Tasche, obwohl dieser es sich gerne einbildet. Dharavi,

Bombays größter Slum, früher ein Schmugglerparadies, beherbergt heute eine florierende Lederindustrie, die Aktenkoffer und Damentaschen für den Export herstellt. Es wird fast alles produziert, wofür man keine schweren Maschinen benötigt: Notizhefte, Kleidung, Papadams, Musikkassetten, *chikis* (zahnbrecherische Süßigkeiten), Goldschmuck, Gürtelschnallen. Die Unternehmer arbeiten in einer rechtsfreien Zone. Sie kennen weder Vorschriften noch Subventionen. Illegale Tätigkeiten werden in Dharavi offen ausgeführt. Die Stadtverwaltung, die keinerlei Dienstleistung bietet, zieht es vor, sich auch behördlich und polizeilich nicht einzumischen. Die Unternehmen kommen über die Runden – manchmal florieren sie sogar –, obwohl sie den denkbar schlechtesten Start erwischt haben. Die Arbeitszustände in den unzähligen Manufakturen, Werkstätten und kleinen Fabriken bieten lauter Negativbeispiele: Kinderarbeit, grenzenlose Ausbeutung, keinerlei Schutz vor Giftstoffen oder Unfällen. Und wer erkrankt, fällt unter die zweihundert Ärzte Dharavis, unter denen sich laut Angaben der General Practitioners Association vierzig Prozent als Quacksalber hervortun. Sie verschreiben meist Steroide, was langfristig den Patienten tötet, weil es seine Abwehrkräfte schwächt.

Die Zufahrt zum Royal Palms Golf and Country Club wird von zwei Mauern gesäumt, die an mehreren Stellen schon durchbrochen sind – sie standen einem Trampelpfad im Wege. Die Verwaltung des Borivli-Nationalparks baut an einer gewaltigen Mauer, die insgesamt achtzehn Kilometer absichern soll, doch auf den zuerst fertiggestellten Teilstücken sind jetzt schon Schneisen des *encroachment* geschlagen. Hohe Mauern sollen menschliche Not und ökologische Zerstörung draußen halten, aber keine soziale Ordnung kann langfristig im Konflikt mit den Interessen der großen Mehrheit bestehen bleiben. Und es kann kein Umweltschutz betrieben werden ohne eine holistische Vision, die das Leben aller berücksichtigt und die in Gemeinschaft investiert anstatt in Sicherheit. Die Inseln von heute sind Bunker, und jeder Bunker wird eines Tages überrannt.

Solche Zustände sind nicht einmalig oder außergewöhnlich. Die amerikanische Journalistin Barbara Ehrenreich hat versucht, als ungelernte Arbeitskraft an verschiedenen Orten der USA zu überleben, und hat einen faszinierenden Bericht über ihr Scheitern verfaßt (»Nickel and Dimed«). Sie legt eine häßliche Unterwelt des Elends in der wohlhabendsten Gesellschaft auf Erden offen. »Man benötigt ein viel stärkeres Wort als gestört«, resümiert sie, »um eine Familie zu beschreiben, in der einige am Tisch essen dürfen, während der Rest vom Boden ableckt, was heruntergefallen ist: psychotisch wäre wohl der genauere Begriff.«

Götter klonen, Strichcodes lesen

Allahabad. Januar 2001

Für Chotabhai

Kumbh Mela 2001. Es ist ein kalter Morgen, den die unverwüstliche Wintersonne noch nicht entdeckt hat. In einer Grube liegen Teebecher, einige aus Plastik, jetzt zerknüllt und zerknautscht, andere aus Ton, schon in Auflösung begriffen unter dem Tau. Alt und Neu liegen nebeneinander, vermischt und vermengt; das Alte liegt im Sterben, während das Moderne für die Ewigkeit gemacht zu sein scheint, oder zumindest für ein Zeitmaß, das uns ewig erscheint, etwa ein Tag im Leben des Gottes Brahma, 4 320 000 000 Menschenjahre schwer. Plastik ist von einer reinen Unreinheit. Vor dem Gebrauch sieht es so sauber aus, wie es nur geht, aber ein Haufen Plastik (Bisleri-Flaschen, Pepsi-Becher) am Wegrand erscheint wie ewige Verschmutzung, ohne Hoffnung auf eine erlösende Reinigung. Die Einführung von Plastikbechern bei dem Fest Kumbh Mela oder auch auf fast jedem Bahnhof im Land ist radikale Diskontinuität.

Das heutige Indien (das heutige Asien, die heutige Welt) ist ein diskontinuierliches System, so komplex wie das neueste Betriebssystem von Microsoft, mit jeder beliebigen Kombination von Befehlen und Prozessen an der Grenze zum Dysfunktionalen, und doch funktioniert es. An der Grenze zum Unbegreiflichen. Die Menschen definieren und verfeinern ihre Identität täglich. Diskontinuität ist ein zentrales Thema im öffentlichen Diskurs, im politischen Kampf, ausgenutzt von Menschen, die geistig im 19. Jahrhundert leben, die glauben, das Kontinuierliche sei immer noch eine Option, für die wir uns entscheiden könnten. Ob Hindutva-Propagandisten, Shivsena-Krieger, regionalsprachliche Autoren oder traditionelle Marxisten, sie verteufeln die Diskontinuität, um die Schuld einem Feind mit einer erfundenen und projizierten Identität zuzuschieben, ob es nun der Islam ist, die westliche Welt, die englische Sprache oder die Globalisierung. Die Parameter dieses Kampfes sind eindimensional und linear, aber der Kampf wird in einem System der Diskontinuität veranstaltet. Es ist, als ob man einen Abakus in MS-DOS einarbeitet.

Maha Kumbh Mela im Januar 2001. Der Zusammenfluß von Ganga und Jamuna. Braune Wasser, blaue Wasser mischen sich seit sehr langer Zeit, genau wie Glaubensvorstellungen, Lieder, Geschichten. Alle zwölf Jahre kommt es zu einer Begegnung von Spiritualität und Realität in gewaltigem Umfang, und Realität bedeutet mittlerweile Handel, bedeutet Technologie. Riesige Videoschirme begrüßen den Pilger, *kalpavasi* genannt, im Lande von Amul-Milch und Rexona (man stelle sich vor, daß die zwei Millionen versammelten Einsiedler allesamt Deodorantien verwenden). Die laufende Werbung plätschert durch den orgiastischen Taumel aus Ritualen, aus *puja* (Gebet), *yagna* (Opfer) und *snaan* (Reinigung). Sie spielt die Rolle des Lauftextes auf den Nachrichtenkanälen, ob CNN oder CNBC. Während ein Aktivist einer regierungsunabhängigen Organisation interviewt wird, lenkt der Text, der unter dem Bild läuft, die Aufmerksamkeit auf den Nasdaq und den Dax und den Nikkei und die Bombay Stock Exchange (BSE). Asian Paints 295.30 Castrol India 199.90 Punjab Tractors 170.85. Der Strom wird durch die Unterströmung bestimmt, wie wir alle wissen. Madras Cements 43.50 Nagarjuna Fertilisers 6.10. Der Aktivist ist ein schöner Vogel, der sich auf Treibholz niedergelassen hat, das die Ganga hinabtreibt, eine Freude und ein Trost für das Auge, aber nur von geringer Bedeutung für den Strom der Dinge. Pritish Nandy Communications 38.80.

Diese Unterströmung ist global. Philips 98.30. Ein reiner Import, in früheren Tagen Kolonialismus genannt. Cadbury 491,90.

Die Bombayer Börse ist ein Mechanismus von internationaler Effizienz. Gillette 365.75. Man stelle einen Händler aus Hongkong auf das Parkett, gebe ihm vielleicht eine Stunde, um seinen Blick für die Umgebung zu schärfen, und er wird genauso fröhlich handeln wie zu Hause. Procter & Gamble 475.95. Es gibt hier keine kulturell geprägten Präferenzen, keine Traditionen, keine Elemente des dörflichen Markts oder des städtischen Basars. Mit einer einzigen Ausnahme. Der Handel an der BSE ist zu 90 Prozent Tageshandel. Und Tageshandel ist rein spekulativ. Infosys 3790.15. Er neigt zu geheimen Absprachen und Manipulationen wie etwa *front running*. Private Nebengeschäfte lassen sich leicht machen. Rayban 54.55. Einige wenige Leute können den Handel kontrollieren, und der Handel befindet sich in einem Zustand fast vollkommener Gesetzlosigkeit. Niemand wird erwischt, niemand wird bestraft, sieht man von ein oder zwei Fällen ab. Kodak 207.05. Dieses System des mühelosen Gewinns muß erhalten bleiben. Es ließe sich also als TRADITION, als ZENTRALE WERTE, als UNSERES definieren. Freilich kann man dieser Unterströmung, dieser Realität nicht widerstehen. Nestle 504.25. Auch zehn Jahre nach Beginn der Liberalisierung ist es für einen Ausländer immer noch außerordentlich schwierig, Zugang zur BSE zu erhalten, auf dem indischen Aktienmarkt Fuß zu fassen. In Taiwan würde es vielleicht zwei Tage dauern, bis man zugelassen ist und in Südkorea eine Woche, aber in Indien wird man sechs Wochen lang zu kämpfen haben oder auch sechs Monate. Doch die internationalen Investoren pochen an die Tür, die letzte Bastion der rein einheimischen Macht wird bald fallen. Siemens 257.75.

Der Sangam von Maha Kumbh Mela, 29. Januar 2001. Juna Akhara, der militanteste Akhara (ein Orden von Sadhus, tausend Jahre alt), hat den Strand besetzt, mit hartem Trommelschlag und tausend nackten Füßen. Nach dem Bad schwingen die Naga Sadhus Schwerter, ihre nackte Haut glänzt in der Morgensonne. Einer aus der Brigade schnappt sich die Kamera eines ausländischen Journalisten und wirft sie zu Boden, durchbohrt sie mit einem Dreizack wie einen Dämon. Ein Gefährte begleitet ihn bei seinem ekstatischen Tanz über der eroberten Kamera. Auf der anderen Seite des Ufers nimmt ein angezogener Sadhu alles mit der Betacam auf. Für die Nachwelt? Für den Videoabend im Ashram? Andere Sadhus stehen Modell, klettern über einen Zaun, posieren, zeigen ihre Muskeln wie Bodybuilder in einer Show. Sie überschütten die versammelten Fotografen mit Beschimpfungen und vulgären Gesten. Ein Polizist wirft Steine auf die Fotografen. Ein Sadhu wirft Kiesel auf den Polizisten. Es entsteht eine Panik unter den Nackten und den Angezogenen, während sich die Sadhus zurück ins Lager begeben. Eine Armee von Heiligen überbrückt die Ganga.

Was ist die Unterströmung?

Wo sind die Ufer des Flusses?

Eine Tagereise flußabwärts, in Varanasi, versucht ein Mann namens Mahantji Mishra, den Ganges zu retten. Als gläubiger Mensch, sagt er, brauche ich mein tägliches *snaan* in Ganga Mataji. Als Wissenschaftler, als Professor für Maschinenbau, würde ich nicht einmal einen Zeh in diesen dreckigen Fluß stekken. Das Leben ist wie ein Strom, sagt er, das eine Ufer sind die Veden, das andere Ufer ist die moderne Welt mit all ihrer Wissenschaft und Technik. Wenn nicht beide Ufer fest sind, wird sich das Wasser in alle Richtungen verteilen. Wenn sie halten, wird der Fluß seinen Lauf nehmen. Eine überraschende Metapher von einem Menschen, der sein ganzes Leben am Ufer des Ganges verbracht hat. Denn dieser Fluß ist ein Meister der Diskontinuität. Er ändert ständig seinen Lauf, er überflutet und zieht sich wieder zurück, er verstreut seine Segnungen. Schöpfung und Erfindung sind nicht mehr zwei einander gegenüberliegende Ufer, zwei getrennte Realitäten. Mohrrüben sind eine Erfindung des Menschen (die wilde Mohrrübe, Daucus carota, ist ein Unkraut, das nach nichts schmeckt). Der berühmte Har-ki-pauri-Ghat in Haridwar, die Badestelle, die nach dem Fußabdruck des Gottes Vishnu benannt ist, liegt an den Ufern eines Kanals, nicht an der Ganga selbst. Geologen und Klimatologen sehen das Ende der Ganga infolge des Schmelzens der Gletscher im Himalaya voraus. Andere Wissenschaftler sagen, die globale Erwärmung werde uns dabei helfen, noch etwas länger zu überleben, da die nächste Eiszeit schon bevorsteht. Man erinnere sich an die Veden: der Tod der Ganga wird vorhergesagt. Wenn sie von der Last der Sünde niedergedrückt wird, vor dem Ende des Kaliyuga, des düsteren letzten Zeitalters, in dem wir leben.

Die Kumbh Mela ist ein gigantisches Netz ohne Spinne. Gewebe oder Netze sind alte Konzepte der Interdependenz. Das Netz Indras, die Welt als Gewebe, in dem jedes Wesen einen Knoten darstellt, das ist ein frühbuddhistischer Gedanke. Dank der Technologie haben sich spirituelle Konzepte materialisiert: da ist zuallererst das Internet, aber auch das Netz der globalen Wirtschaft, der Cyberspace und das Entziffern der DNA-Struktur, geistig vorhergesagt vom buddhistischen Verständnis, daß das Individuum aus nicht-individuellen Elementen zusammengesetzt ist. Vernetzung ist die neue Methode der Ermächtigung. Niemand auf der Kumbh Mela versteht das besser als Muniji, der Leiter des Paramarth Niketan Ashram in Rishikesh, der effektiver ist als Millionen von Pilgern, die sich in einem diskontinuierlichen System zu einer Masse zusammengeballt haben. Massen sind eindrucksvoll in ihrer Größe, aber schwach in ihrem Einfluß. Muniji tritt in der BBC auf, Muniji führt den Vorsitz einer Konferenz westlicher Ökologen, die sich Sorgen über den Ganges machten, Muniji begeht das allabendliche Ritual Aarti, das um die Elemente Wasser und Feuer kreist, zusammen mit dem Dalai Lama (der die Fotografen mit Wasser bespritzt und lacht und anscheinend unentwegt wiederholt: ich weiß, das alles ist ein Spiel, und ich weiß, als Spiel kommt es bei euch an). Muniji läßt seine jüdisch-amerikanische Sekretärin monatlich E-Mails verschicken, mit denen diejenigen informiert werden, die an den Reiserouten und den weltlichen Aufenthaltsorten von Mahant Maharaja Muniji interessiert sind, der sich im Cyberspace zwischen den USA und Taiwan und Japan und Frankreich und den Städten Indiens bewegt, aber spirituell immer in Berührung mit der heiligen Strömung des Ganges bleibt.

Keine Errungenschaft der Menschheit kommt dem Netz Indras so nahe wie der Strichcode. 5 Strich 099706 Strich 568025 Strich. Esperanto, von einem polnischen Humanisten entwickelt, war eine künstliche Sprache, die die Menschheit einigen sollte, indem sie Kommunikation zwischen allen ermöglichte. 9 Strich 788190 Strich 113205 Strich. Im 21. Jahrhundert ist Esperanto ein aussichtsloses Unternehmen. Der Strichcode ist effizienter als Esperanto, der Strichcode ist völlig kulturlos und zeitlos und völlig begreiflich. Wir garantieren, daß es keine Mißverständnisse geben wird. 4 Strich 477739 Strich 378409 Strich. Sollten die jetzigen dreizehn Ziffern nicht ausreichen, wird die weitere Überfütterung mit Produkten nur eine mathematische Herausforderung darstellen.

Im Europa der Moderne wurde Gott getötet. Im Indien der Nachliberalisierungszeit werden die Götter geklont. Klonen ist die ultimative Bewahrung des Status quo. Es ist wirksamer als das Kastensystem. Gott wird dekontextualisiert, desozialisiert, völlig individualisiert, ein weiteres Opfer der Manipulationsmacht der Privilegierten, die es selbst vorziehen, der Dreieinigkeit von knitterfreien Designerreligionen zu folgen: verbinde dich mit deiner spirituellen Energie, *have an aarti have a bite*, Feng Shui, Kunst des Lebens und Reiki *have an aarti have a bite*, wiederentdeckt von einem japanischen christlichen Geistlichen, eine Melange aus Jesus und Buddha, gereinigte Liebe – das Parfüm des Tages. *Have an aarti have a bite*. Aarti wird jeden Abend, auf jedem Ghat und in jeder Show zelebriert. In der weltweit erfolgreichen Schmonzette »Kabhi Khushi Kabhi Gham« schwenkt die Schauspielerin Kajol in jeder Szene die Lampe, stellt Werte und Hierarchie überdeutlich aus. Aarti als

Lichtspeise, als Airport-Kunst. Aarti als das unentbehrliche Symbol der Hindutva-Kräfte, die sich als Lobbyisten für die geklonten Götter niedergelassen haben, die aber nicht am lebenden Heiligen interessiert sind. Sie reinigen nicht Ganga Mataji (im Gegenteil: alle Hüter und Betreuer, die ich traf, waren offene, menschliche und antiideologische Leute). Aber sie schützen den heiligen Namen Varanasis, indem sie die Aufnahmen zu Deepa Mehtas Film »Wasser« verhindern. Heiligkeit ist ein Bild ohne Kern, sie ist ein Axiom. Sie ist die Patin aller geklonten Götter. Sie wird mittels Aarti zelebriert.

Eine Tagereise flußaufwärts vom Sangam liegt Kanpur. Das industrielle Kanpur, Stadt fürs Grobe, Gerbereiabwässer fließen in die Ganga. *For a footful of Gucci.* Wie sieht ein Visionär Kanpur? Er hat schließlich eine Vereinigung gegründet. Aufstrebendes Kanpur heißt sie. Die Visitenkarte ist elegant. Sein Plan ist, in Kanpur Callcenter anzusiedeln. Die Tochter des Visionärs arbeitet in einem Callcenter in der Nähe von Delhi. Die Visionäre von Kanpur sind von dem, was sie hören, beeindruckt. 1200 Arbeitsplätze, 1200 Inder, die in einem einzigen großen Raum nebeneinander sitzen und alle auf Bildschirme starren, welche sie über Ozeane hinweg in ein anderes Firmennetz versetzen, in das Netz von General Electrics. Sie sind am Telefon, den ganzen Tag lang, sie holen sich Informationen vom Bildschirm, während sie mit einem Kunden aus einem Vorort von Atlanta sprechen, der sein Haushaltsgerät instandgesetzt haben möchte. Bar oder Garantie? Der Barzahler genießt bevorzugte Behandlung. Er bekommt den nächsten freien Platz, die Informationen werden in den Computer eingegeben, von der Software verarbeitet, der Techniker wird automatisch benachrichtigt. Vielen Dank für Ihren Anruf und einen schönen Tag noch. Indische Stimmen, die sich über das Wetter in den USA unterhalten (Hurrikan in Florida? Montana eingeschneit?), Smalltalk über große politische und soziale Fragen. Vielen Dank für Ihren Anruf und einen schönen Tag noch. Indische Ohren, die jeden Akzent verstehen. Geschult in Intensivkursen, in einem Callcenter College wie dem, welches das aufstrebende Kanpur einrichten möchte. Die Studenten sehen Seifenopern, Serien. Sie müssen die Klangfarbe aus ihrer Sprache entfernen. Vielen Dank für Ihren Anruf und einen schönen Tag noch. Neutrale Aussprache ist gefordert. Und falls der Kunde fragen sollte: Sie sind kein Amerikaner, nicht wahr?, dann sollen sie mit einem unverbindlichen »ja« antworten. Nur wenn man sie noch weiter drängt, sollen sie ihre indische Identität zugeben. Nach der Arbeit können sie nach Hause gehen und Aarti vollziehen, als ob nichts gewesen wäre. *Kabhi Khushi Kabhi Gham* – manchmal glücklich, manchmal gram.

Kumbh Mela 2001. Jeden Morgen weckt uns das Geschrei von 108 Namen Gottes, unser Wecker ist ein erstickender Dunst von Lied und Ton, eine Morgendämmerung voller zirpender Grillen. Anrufungen, jedes Gebet von einer Vielzahl konkurrierender Gebete belagert. Keine Heiligkeit, keine Solidarität, keine Innerlichkeit, keine Gnade. Nur Lärm. Und das lauteste aller Mantras, der ultimative Schlafvernichter – *shanti om*.

Einer der erfolgreichsten amerikanischen Unternehmer indischer Abstammung ist ein Mann namens Bose. Seine Firma produziert Lautsprecher. Er ist auf der Kumbh Mela eindrucksvoll präsent. Bose ist ein richtiger Globalist, einer, der an Diskontinuität glaubt, denn er verstärkt jede Botschaft, jeden Standpunkt, jeden *shloka*. Bose macht es möglich, daß der Soundtrack für die Aarti an den Flußufern widerhallt, die Ghats überschwemmt. Der Klangkosmos ändert sich ständig: Geräuschpegel steigen an, Lautstärken gehen zurück, Lautsprecher versagen. Das ist die kulturelle Realität des modernen Indien, diese scheinbar chaotische Installation, diese Synchronizität. In jedem Augenblick wird Identität geschaffen und wieder vernichtet. Identitäten werden getauscht, Unterscheidungen getilgt. Der Dichter, der Archivar, der Kommentator, sie möchten vielleicht

Worte für das Strömen der Ganga finden. Kaum haben ihre Worte eine Form gefunden, da sind sie schon überholt von einem gewandelten Fluß, von den Strudeln und Wirbeln, sie müssen einen zweiten Versuch unternehmen, der auf der Stelle von einer neuen Realität weggespült werden wird, die sie dann vielleicht beschreiben und bewerten möchten. Sie müssen ihre Sprache ändern ...

Als in Indien MTV eingeführt wurde, dachten die zuständigen Leute, Popmusik ist wie Coca-Cola. Man braucht nur die Plastikbecher zu verteilen, um Erfolg zu haben. In Indien wurde das internationale Programm ausgestrahlt, das örtliche Büro erhielt den Auftrag, sich auf Marketing zu konzentrieren. MTV genießen. Aber die jungen Inder genossen es nicht. Sie fanden das Programm ungehobelt und grob. Die Musik war zu plump und zu schwarz. Zuviel Grunge von Pearl Jam, zuviel Rap von Puff Daddy. MTV wurde in eine Marktnische abgedrängt. Der Kunde hatte sein Urteil gefällt. MTV reagierte schnell und entschlossen. Der Kanal wurde in die indische Trikolore gehüllt, 90 Prozent der gezeigten Videos waren jetzt indisch, den VJs wurde gesagt, sie sollten den englischen Akzent ablegen, den sie so eifrig kultiviert hatten, und etwas Bombay Masala in ihre Sprache bringen. In der Werbung für MTV traten jetzt Teeverkäufer auf, begleitet von dem guten alten Hit: »Ye Jawani Hai Diwani«. Doch das Mantra blieb: MTV genießen. Und am 14. Februar ist das Programm dem Valentinstag gewidmet. Und es wird Kondomwerbung gezeigt, in der vor Aids gewarnt wird. Und Madhu, ein Büroboter, ein Neobuddhist, kauft seiner Frau, die MTV genießt, ein paar Blumen. Und die gute indische Musik wird auf Synthesizern komponiert und gespielt, und die Musiker können auf den Bildschirmen und den Lautsprechern nicht genug Lautstärke bekommen. Und so laßt uns beim Schwenken der Aarti murmeln: Om MTV genießen Om. 108 und 1001 Mal. Aber delegieren wir diese Aufgabe. Lassen wir das eine Software erledigen oder einen Roboter. Sollen unsere Computer sich im Internet um Darshan bemühen, um den segnenden Anblick, die Auswahl an Cybertempeln und geklonten Göttern ist groß genug.

Aus dem Englischen von Martin Pfeiffer

Willkommen in Clintonnagar oder Kommt ein Präsident geflogen

Bombay. April 2001

Der normale Besucher der Megastadt Bombay erhält schon auf der Fahrt vom Flughafen in sein Hotel eine derbe Einführung in die Realitäten. Wegen der Hitze kurbelt er das Seitenfenster gleich herunter, wegen des Kloakengestanks kurbelt er es spätestens in Bandra wieder hoch. Wenn er sich von dem Slum zu seiner Linken abwendet, stolpert sein Blick über Arbeiter, die sich über dem Straßengraben erleichtern. Derweil fällt das Taxi in ein kratergroßes Schlagloch, der Besucher schlägt sich den Kopf an und starrt mit brummendem Schädel auf einen verunstalteten Mann, dessen Fratze um Almosen fleht. Manchem Besucher ist nach dieser Fahrt die Lust auf Bombay schon vergangen.

Nicht so dem Präsidenten der Vereinigten Staaten von Amerika, William Jefferson Clinton. Seit Tagen werden die Straßen, die er mit seiner motorisierten Kavalkade beehren wird, neu geteert, bemalt (Mittelstreifen, Seitenstreifen, Laternenmasten), die Bäume rot-weiß-rot gestrichen, die vergammelteren Häuser neu getüncht. Und die Anwohner, die mangels Toiletten den Graben aufsuchen, werden mit Prügel umerzogen. Straßenverkäufer werden vertrieben, suspekte Gestalten kurzerhand ins Gefängnis geworfen. Für Putzaktionen dieser Art sind immerhin 37 000 Polizisten abgestellt worden. Einige Tage lang ähnelte die Stadt einem Holzlager. Zuerst luden Lastwagen alle hundert Meter Haufen von Stöcken und Stämmen ab, dann wurden die dickeren Äste in den Asphalt gerammt, mit den dünneren Stökken verbunden und mit Kokosnußfasern befestigt. Die Absperrung reichte über mehr als zwanzig Kilometer vom Flughafen bis ins Nobelhotel Oberoi. Als alles geschniegelt und verriegelt schien, legten die Angestellten der Stadtverwaltung ihrem Dienstherrn ein faules Ei ins Nest. Sie riefen wenige Tage vor dem Tag der Ankunft des hohen Gastes einen Streik aus. Nun stinkt der nicht abgeholte Müll so sehr zum Himmel, daß Air Force One beim Anflug in Turbulenzen geraten könnte. Doch auch dieses Problem wurde gelöst – mitten in der Nacht vor dem großen Tag räumten Kommandos alle Abfallhaufen aus dem potentiellen Blickfeld. Denn ob Clinton überhaupt die Straße nehmen oder nicht eher in einen Helikopter steigen würde, das war bis zum letzten Augenblick ungewiß.

Über die Kosten schweigen sich die Behörden aus: nicht aus Geheimnistuerei, sondern aus Unkenntnis. Denn die Ausgaben wurden auf viele Bilanzen verteilt; es wurden Gefallen eingefordert, Privatfirmen unter Druck gesetzt. Alles in allem nicht weniger als zehn Millionen Dollar, schätzt ein Eingeweihter. Ohne Aufräumkosten selbstverständlich. Die werden sich über Monate verteilen. Irgendwann werden sogar die Löcher, die für die Absperrung in den Asphalt geschlagen wurden, wieder gefüllt werden. Zehn Millionen Dollar für einen Besuch von zwanzig Stunden. Eine halbe Million pro Stunde. Knapp 140 Dollar pro Sekunde.

Doch vielleicht haben die indischen Behörden Clintons Geschmack ganz falsch eingeschätzt. Angesichts seiner Vorlieben für Thriller, Horror und Fast food würde sich ein alternatives Besuchsprogramm anbieten: Zuerst eine Fahrt mit der Western Railway Line, bevorzugt am späten Nachmittag, wenn Teile des Körpers aus Platzmangel aus der offenen Tür hängen und der restliche Leib geknetet wird wie Teig in den Händen eines cholerischen Bäckers. Anschließend eine Besichtigung des städtischen Leichenschauhauses, wo die Toten wegen des Streiks schon seit vier Tagen nicht mehr abgeholt werden. Zum Abschluß ein *paobhaji* vom nächsten Kiosk, Kartoffelgemüsepampe auf Brötchen, mit Leitungswasser am Straßenrand zubereitet und schnell serviert. Der amerikanische Präsident wird es in bleibender Erinnerung behalten.

Statt dessen begegnet Clinton überall in Indien nur Potemkinschen Dörfern. In Delhi wurden die Reklametafeln entlang der Alleen entfernt, in Agra wurde das Taj Mahal zum ersten Mal in seiner 347-jährigen Geschichte umfassend renoviert, im Ranthambore Nationalpark wurden zwei Tiger angelockt, in Hyderabad 3000 Bettler verjagt. Scheinbar gehört es zum guten internationalen Ton, sich gegenseitig etwas vorzumachen. Nach dem Besuch eines Dorfes in der Nähe von Jaipur, das kurzfristig mit drei Helikopterlandeplätzen ausgestattet wurde, ließ Clinton verlauten: »Ich bin erstaunt zu sehen, wie Indien seine demokratischen Institutionen benutzt, um die Probleme zu bewältigen, die den Rest der Welt lähmen.« Indien als Avantgarde der Menschheit? Dieser Mann ist die 140 Dollar pro Sekunde mehr als wert.

Es blieb allerdings einem indischen Regionalpolitiker vorbehalten, die unbegrenzten Möglichkeiten dieser gegenseitigen Potemkinisierung aufzuzeigen. Er berichtete dem hohen Gast von einem Ort in seinem Bundesstaat mit den Namen Carterpuri und stellte auch ihm ein Dorf in Aussicht. Clinton mag sich gewundert haben, wieso ihm nach zwei Amtsperioden nicht wenigstens ein Städtchen zustehe. Ein Clintonnagar sozusagen. Da es Amerika nicht an Politikern und Indien nicht an Dörfern mangelt, können zukünftig sogar die Verlierer der Präsidentschaftsvorwahlen mit einem Gehöft in Rajasthan rechnen: Namaste in McCainpuri. Salaam in Bradleybad.

Indien erlesen

Kenia 1984 – Indien 2001

Lamu ist ein poröser Ort, der seine Eigenart dem Indischen Ozean verdankt. Die Gesichter der Menschen prägen Wellen von Einwanderungen – indonesische, persische, jemenitische, somalische. Die Sprache der Einheimischen ist eine Dau, die an allen Häfen zwischen Suez und Surabaya Wörter geladen hat. Selbst das Heilige folgt den Gezeiten: auf jeden Gebetsaufruf des Propheten folgen synkretistische Zwischenrufe. In Lamu – an der kenianischen Küste gelegen – habe ich den ersten indischen Autor meines Lebens kennengelernt. Der arbeitslose, unter einem orgiastischen Raucherhusten leidende Engländer, mit dem ich die zwei Kammern einer kleinen Pension bewohnte, reichte mir ein zerlesenes Buch mit den Worten: So etwas hast du noch nicht gelesen. Und dem war auch so. Alles in diesem Roman schwebte. Die Historie Indiens verschmolz mit einer Familiengeschichte, das Erklärbare wurde durch das Wundersame aufgehoben, Fragezeichen richteten sich zu Ausrufezeichen auf. Bombay – die Stadt im Mittelpunkt des Erzählknäuels – war eine schwankende Zuflucht, die Glückssucher, Gierhälse und Größenwahnsinnige anlockte, um sich durch sie immer wieder neu zu erfinden. Vor allem aber tat es mir die Sprache an, dieser indoenglische Jargon, der sich keinem Standard und keinem Kanon fügte. »Mitternachtskinder« von Salman Rushdie, diese derbe und gewitzte Attacke auf jeglichen Puritanismus, nahm mir den Atem. Solche Romane müßte man schreiben, dachte ich.

Fünfzehn Jahre später lebte ich selbst in Bombay, neben einem der Hauptbahnhöfe, in einer Wohnung, die so schmal war, daß die Stadt durch sie hindurchströmte und mich niemals alleine ließ. Da ich kein Auto hatte, fuhr ich mit dem Zug, zuerst mit der Western Line, dann mit der Harbour Line, auf und ab, und manchmal nahm ich ein Buch mit, das mir zum Stadtführer wurde.

»Eines Abends, als der langsame Regionalzug auf einen Signalwechsel wartete, blickte sie über den Eisenbahnzaun, wo ein Strom schwarzen Abwasserschlamms aus einem Kanal herausschwappte. Männer zogen an einem Seil, das im Boden verschwand. (...) Dann tauchte, die Hände ums Seilende geklammert, ein Junge aus dem Boden auf. Er war von Kopf bis Fuß mit dem schlüpfrigen Abwasserschlamm bedeckt, und es war ein Anblick von schrecklicher, doch erhabener Schönheit, wie er sich da glänzend und schimmernd in der Sonne aufrichtete.«

Man sieht fast alles vom Zug aus. Teilweise fährt er mit zehn Stundenkilometer durch Slums, die bis an die Gleise heranreichen, weil sich die »illegale« Besiedlung der Grundstücke der staatlichen Eisenbahn bemächtigt hat. Die Züge kriechen nicht aus Rücksichtnahme, sondern aus Furcht, einen Anwohner zu überfahren und einen Aufstand zu entfachen. Details wie dieses untermauern Rohinton Mistrys »Das Gleichgewicht der Welt«, ein episches Werk, das wie alle Breitwandromane voller Momentaufnahmen und Miniaturen steckt. Auf 800 Seiten reihen sich unzählige dramatische, pikareske und groteske Geschichten aneinander. Vier Menschen – zwei Parsen und zwei unberührbare Schneider – mühen sich redlich ab, mit den widrigen Lebensumständen zurechtzukommen. Die Handlung gleicht einer Achterbahn. Kurze Phasen von bescheidenem Glück werden abgelöst von tragischen Zwischenfällen. Das Gleichgewicht der Welt beruht, scheint der Autor zu sagen, auf den endlosen Opfern »einfacher« Menschen, wie jene, die zusammengepfercht mit mir im Zug fuhren. Die Weltsicht dieses besten aller Bombay-Romane steht in einem eklatanten Widerspruch zu den Aufstiegsillusionen, die momentan in Indien in allen Größen und Farben konfektioniert und vertrieben werden.

In München hatte mir ein amerikanischer Performance-Dichter voller Begeisterung von einer mysteriösen Frau aus dem Mittelalter erzählt, aus einer indischen Provinz namens Gujarat, einer Heiligen, die wunderbar dichten konnte. Der Name war leicht zu merken: Mirabai. Daher mein Erstaunen, daß ich in Bombay einen Mann kennenlernte, der gerade einen Roman über diese Mirabai geschrieben hatte. Kiran Nagarkar ist ein schlanker, etwas nach vorne gebeugter Mann, dem man seine Vornehmheit ansieht. Sein Gesicht, das einer Mogulminiatur entnommen scheint, ist von Trauer durchzogen, und nur selten platzt ein Lächeln hinein. Er lebt in einem der letzten alten Stadthäuser an der Warden Road, der Straße am Meer, in der Salman Rushdie aufgewachsen ist. Wenn Kiran Nagarkar auf sein flaches Dach steigt und in den Himmel blickt, sieht er das Betonmassiv eines vierzigstöckigen Hochhauses über sich thronen, so nahe an seinem Haus errichtet, als warne es: Bald seid auch ihr dran. Doch noch weigert sich die Familie, trotz verlockender Angebote, das Haus zu verkaufen, so wie Kiran Nagarkar sich beharrlich dem Literaturbetrieb verweigert. Er lebt zurückgezogen in einem Zimmer, das traditionell eingerichtet ist, und veröffentlicht etwa alle sieben Jahre einen außergewöhnlichen Roman. In »Krishnas Schatten« destilliert er die Handlung aus der Vergangenheit und reichert sie mit gegenwärtiger Erfahrung an, um das Motiv von Liebe und Macht zu variieren. Im Mittelpunkt steht eine ungewöhnliche ménage à trois: ein Mann liebt seine Frau, die Frau liebt einen Gott, Gott liebt ... nun, das bleibt offen. Die Frau ist die Dichterin Mirabai, und ihr spirituelles Verschmelzen mit dem verführerischen Krishna – ein heiliger und zugleich einsamer Wahn, eine übersteigerte Form des weit verbreiteten Bhakti-Kultes –, ist jedem indischen Leser so wohl vertraut, daß die Neufassung des kanonischen Stoffes wie eine Provokation wirken mußte. Die Hagiographie schweigt sich über den gehörnten Ehemann aus, ein Versäumnis, das Nagarkar behebt, als würde er einen weißen Fleck kartografieren. In einer intimen

Beichte wendet sich Maharaj Kumar, Prinz von Chittor, direkt an den Leser und legt Rechenschaft ab. Auf sehr sympathische Art, weil er sich nie zum Propagandisten seines eigenen Ruhmes macht. Man empfindet Mitgefühl für diesen vernachlässigten Mann und unterschätzten Führer. Als Thronnachfolger muß er ständig auf der Hut sein vor den Intrigen seiner Feinde am Hof; als Ehemann lebt er mit einer sensiblen und hochbegabten Frau zusammen, die eigentlich perfekt wäre, würde sie sich auch nur ein einziges Mal ihm hingeben.

Einerr meiner Freunde war sehr aufregt, denn er hatte seine Wohnung fluchtartig verlassen müssen. Nacht um Nacht, kurz nach dem Einschlafen, sei er von einem kalten Hauch geweckt worden. Etwas Fremdes sei ins Zimmer geschlichen. Manchmal hörte er nicht mehr als ein Rascheln, manchmal vernahm er ein Jammern. Bald litt er massiv unter Schlaflosigkeit, konnte nicht mehr arbeiten. Als er sich in der Umgebung umhörte, erfuhr er, daß in seinem Schlafzimmer vor Jahren eine junge Frau aus Liebeskummer Selbstmord verübt habe. Er zog sofort aus (der Makler erstattete die Provision – ein spukendes Zimmer ist ein Mangel, der nicht verschwiegen werden darf), ließ aber einen schweren Schrank zurück. Als er einige Tage später mit Möbelpackern im Gefolge die Wohnungstür öffnete, fand er einen Scherbenhaufen vor: alle Fenster und Glühbirnen und auch der alte, im Schrank eingelassene Spiegel waren zerbrochen. Mein Freund knallte die Tür hinter sich zu und rannte die Treppen hinab, um sich nie mehr wieder in diesem Viertel blicken zu lassen. Kaum hatte er seine Geschichte beendet, begannen die anderen Freunde, allesamt gebildet und wohlhabend, über Friedhöfe und spukende Brücken zu diskutieren. Sie waren sich einig, daß es auf die richtige Wahl des Geisterbeschwörers ankommt und tauschten Empfehlungen aus.

Diese wahre Geschichte legt nahe, daß die Horror-Story in Indien populär ist, und doch haben bislang wenige Autoren dieses Genre benutzt; keiner so wirkungsvoll wie Vikram Chandra in seinem Band »Die fünf Seiten des Lebens«. Seine Geistergeschichte spielt sich mit einer solchen Glaubwürdigkeit ab, daß der Leser sich gar nicht vorstellen kann, es gebe keine Geister. Ein hochrangiger Armeeoffizier, ein Muster an Disziplin, Pedanterie und Selbstkontrolle, kehrt nach seiner Pensionierung in das Haus seiner Kindheit zurück. Als er zum ersten Mal in den ungenutzten ersten Stock hinaufsteigt, hört er eine leise Stimme, sieht sanfte Schatten. Begegnungen dieser Art verunsichern den furchtlosen Veteranen. Er sieht sich gezwungen, einen Exorzisten zur Hilfe zu rufen, der sich als Vertriebsleiter einer Elektronikfirma entpuppt. Er setzt seinen Aktenkoffer ab, zieht sich aus, wäscht sich und schlüpft in einen traditionellen Dhoti (Wikkelhose). Doch seine Beschwörungen und Opfergaben zeigen keine Wirkung. Es sei nicht möglich, sagt er schließlich, den Geist eines Kindes zu vertreiben.

Meine letzte Reise nach Indien führte in den Kaschmir. Die Hausboote auf dem Dal-See waren verwaist, der einzige andere ausländische Besucher war ein italienischer Kriegsreporter. Das Presseamt hatte mir einen Führer und einen Fahrer mitgegeben. Der Fahrer sprach nie, außer nach jeder der unzähligen Straßenkontrollen der indischen Armee, der er einige Flüche hinterherschickte. Der Führer sang zwischen seinen kulturhistorischen Erläuterungen vor sich hin, traurig klingende Hymnen einer Mystikerin des 14. Jahrhunderts namens Lal Ded. Ihre Verse bauten eine Brücke zwischen Shiva-Anbetung und Sufi-Tradition und ebneten den Weg für den ökumenischen Rishi-Orden, den ihr Schüler Sheikh Nuruddin begründete. Trotz der puritanischen Tendenzen wahhabischer Prägung, die sich nach Jahrzehnten von Unrecht, Unterdrückung und Widerstand allmählich gewaltsam im Tal durchsetzen, prägen diese evokativen Gedichte immer noch das spirituelle Leben von Kaschmir:

Pilger, auf der Suche nach Sicht / du hältst an jedem Schrein. / Atme durch, lese deinen Geist / bevor du das Land verbrennst /

mit der Spur deiner Füße./Auf Pilgerschaft verliebst du dich/ in das Grün des fernsten Grases.

Ein Artikel über indische Literatur sollte eigentlich zuerst klarstellen, was er nicht bieten kann – einen Überblick über die indische Literatur. Trotz aller Bemühungen von Vermittlern und Übersetzern kann sich der deutsche Leser momentan nur einen profunderen Eindruck von der englischsprachigen Literatur des Subkontinents verschaffen. Der erfolgreiche Roman über Dostojewski in der Malayalam-Sprache bleibt uns ebenso unbekannt wie die neuste Dichtung auf Panjabi. Nicht nur uns: Selbst die indischen Intellektuellen kennen den literarischen Reichtum ihres eigenen Landes kaum, sei es, weil sie aus kultureller Arroganz Englisch vorziehen, sei es, weil sie beim besten Willen nicht mehr als einige der 16 offiziellen Sprachen des Landes beherrschen können und Übersetzungen zwischen den indischen Sprachen weiterhin Mangelware sind. Und doch wird keiner bezweifeln, daß die traditionell bedeutendsten Dichter Indiens – Lal Ded, Kabir, Tukaram, Bharati, Ghalib, Tagore – nicht auf Englisch geschrieben haben und daß die episch-religiösen Werke, die das geistige Leben Indiens bis ins unsere Zeit hinein beeinflussen, auf Sanskrit verfaßt wurden: das Mahabharata und das Ramayana.

Um so mehr Grund, die wenigen Angebote aufmerksam zu würdigen, auch wenn sie mehr als ein halbes Jahrhundert alt sind, verfaßt auf Urdu von einem Autor, der chronisch verschuldet war, mit provozierender Direktheit über Sex und Gewalt schrieb, von der eigenen Ehefrau in eine Irrenanstalt eingeliefert wurde und mit 42 an Alkoholismus zu Grunde ging. Saadat Hasan Mantos Leben war kein glückliches und oft auch kein würdiges, aber unter den 250 Kurzgeschichten, die er zurückgelassen hat, finden sich einige der kunstvollsten Beispiele des Genres. Der Verlag vergleicht ihn zu Recht mit Isaak Babel, der groteske Humor und die anekdotische Zuspitzung erinnern ebenso an Bruno Schulz oder Wolfgang Borchert und der skizzenhafte, satirische Stil an die grafischen Arbeiten von George Grosz. Auch Saadats Leben war geprägt von Krieg und Gewalt. Als 1947 die Teilung Britisch-Indiens in Indien und Pakistan erfolgte, ein administrativer Akt, auf den grausamste ethnisch-religiöse Säuberungen folgten, beschloß er, von Bombay, wo er als Drehbuchautor begehrt war, nach Pakistan zu ziehen, eine Entscheidung, die er bis zu seinem Lebensende bitter bereute, denn er fand, wie er selbst sagte, »keinen Platz in diesem neuen Staat«. Die einst blühende Filmindustrie von Lahore lag danieder; die Gerichte verboten einige seiner Geschichten wegen »Pornographie«. Zudem steigerte sich die Gesellschaft um ihn herum in eine heuchlerische Religiosität hinein. Als brillante und gnadenlose Kritik jenes Übergangs lesen sich seine Geschichten heute als Kommentare zu einem Zeitgeist, der wieder einmal einer symbolüberfrachteten und sinnentleerten Rhetorik huldigt. In der Erzählung »Toba Tek Singh« beschließen die Regierungen von Indien und Pakistan, auch die Insassen ihrer Irrenanstalten auszutauschen. Was daraufhin folgt, sollte in den Abendnachrichten in Delhi und Islamabad vorgelesen werden, so klar desavouiert es den Wahn einer künstlichen patriotischen Identität, die sich von dem Anderen abgrenzen muß, um sich selbst zu finden, und schließlich im Niemandsland liegen bleibt. In einem hatte dieser großartige Autor völlig recht: »Saadat Hasan wird eines Tages sterben, doch Manto wird niemals vergehen.«

Nun könnte man argumentieren, wenn die eigene Sprache schon international keine Chance habe, dann müsse man halt die englische Sprache zu einer indischen umformen. Chinua Achebe, der große alte Mann der afrikanischen Literatur, hat diese postkoloniale Haltung einmal prägnant auf den Punkt gebracht: »Ich werde mich so lange in der englischen Sprache aufhalten, bis man ihr das anmerkt.« Vorbereiter dieses Weges war der exzentrische Außenseiter Govindas Vishnoodas Desani. Sein einziger Roman »All About Hatarr« ist reinste Sprachalchemie, beschworen mit unkanonischen Mantras der Hybridität, und daher – wie mich ein gescheiterter Selbstversuch überzeugt hat –, unübersetzbar. Die Zöglingshaltung der Babus, britisch dressierte indische Bürokraten, wird entlarvt anhand ihrer eigenwilligen Lexik und Satzstellung. Salman Rushdie hat – als erfolgreichster Schüler von Desani –, die stilistische »Chutneysierung« wie kein anderer vorangetrieben. Doch trotz des auch materiellen Erfolges, folgt leider kaum ein zeitgenössischer Autor seinem Beispiel. Die meisten Werke, die dieser Tage international erscheinen, sind in einem glatten Englisch geschrieben, das in Vancouver ebenso leicht wie in Wellington konsumiert werden kann. Vielen Autoren ist zudem eine – gewiß auch biografische bedingte – Entfremdung von den Realitäten Indiens anzumerken, die von den Lesern, überwiegend mit dem Sujet der Bücher unvertraut, nicht bestraft wird. Shashi Tharoor und Vikas Swarup sind Diplomaten, Kiran Desai und Jumpha Lahiri leben wie viele andere »indische« Autoren in den USA. Swarups Erfolgsroman »Rupien Rupien« ist ein Paradebeispiel für das Branding der globalisierten indischen Literatur. Eine unglaubwürdige, dafür aber um so deftigere Jugendgeschichte wird eingebettet in eine Rahmenhandlung, die internationalen Wiedererkennungswert hat: der Held hat beim TV-Quiz »Wer wird Milliardär« gewonnen und wird als Mann aus den unteren Schichten des Betrugs angeklagt. Die Beschreibungen klingen touristisch, jedes Requisit aus der Klischeekiste kommt zum Einsatz, und die Szenen in dem Dharavi-Slum in Bombay sind teilweise so abwegig, daß man sich fragt, ob der Autor jemals dort war.

»Rupien Rupien« hat den literarischen Wert eines Nintendo-Spiels, findet aber weltweit reißenden Absatz, der dem Werk des zurzeit wohl bedeutendsten unter den in Indien lebenden Prosaisten, Kiran Nagarkar, versagt bleibt (seine Romane finden in England oder in den USA keinen Verleger). Wir haben es den Bemühungen des A1 Verlages zu verdanken, daß alle seine Romane auf deutsch erschienen sind, so auch der jüngste mit dem vielversprechenden Titel »Gottes kleiner Krieger«. Nagarkar hat eine dichte Romanstudie über einen intelligenten, begabten und neurotischen Menschen verfaßt, der, wo andere Schattierungen erkennen, nur schwarz und weiß sieht. Obwohl Zia in dem multikulturellen und religiös vielfältigen Bombay aufwächst, drängt es ihn schon in jungen Jahren, die Sündhaftigkeit der Welt zu bekämpfen. Von seiner Tante als Auserwählter indoktriniert, versucht er den räudigen Hund eines Straßenhändlers mit seinem Taschenmesser umzubringen. Dies ist die erste von vielen Gewalttaten, mit denen Zia versucht, die vermeintlichen Aufträge Gottes zu erfüllen, die sich in seinem Kopf stauen. Als Student in Cambridge fühlt er sich berufen, den satanischen Salman Rushdie mit dem Tod zu bestrafen, doch als er ihm endlich bei einem Literaturfest begegnet, stellt er fest, daß sein Revolver nicht geladen ist. Sein älterer Bruder Amanat hat heimlich die Kugeln aus der Waffe entfernt. Amanat ist das Gegenstück zu Zia; er hat, aus der Erfahrung heraus, daß Spiritualität Zweifeln bedeutet, ein Buch über den mystischen Rebellen Kabir geschrieben, eine mittelalterliche Ikone in Indien, die von allen Seiten vereinnahmt wird. Nagarkar zitiert Ausschnitte aus diesem Buch, die von so einleuchtender Weisheit durchdrungen sind, daß der fanatische Bruder die Lektüre kaum aushält und schließlich auch seinen eigenen Bruder zu erdolchen versucht. Kaum hat man die Richtung des Romans erkannt, entführt uns Nagarkar in ein Trappistenkloster, wo wir einen Mönch namens Lucens kennenlernen, der sich als christliche »Wiedergeburt« von Zia erweist. In einigen der dichtesten Stellen des Romans wird das Kloster in der Sierra Nevada als Versuchslabor verschiedener Zugänge zu Gott beschrieben. Am Ende bleibt der Leser im positiven Sinne verstört zurück. Nagarkar hat ein imposantes Buch über die Selbstgerechtigkeit des Gläubigen geschrieben. Schließlich glaubt man verstanden zu haben, daß der Fanatiker die größte aller Blasphemien begeht: Im Namen Gottes alles besser wissen zu wollen.

Einer, der es niemals besser weiß, ist der junge indische Dichter Ranjit Hoskoté, von dem auf deutsch der Band »Die Ankunft der Vögel« erschienen ist. Hoskoté ist ein treuer Apostel einer Tradition, die er selber entfaltet. Die Referenzpunkte seines Schreibens sind von einer eklektischen Eigensinnigkeit. Er verknüpft Familienerinnerung mit Weltgeschichte, den Dialog mit der mystischen Dichterin Lal Ded aus dem Kaschmir des 14. Jahrhunderts mit der poetischen Vereinnahmung der Gemälde von Francis Bacon. In seinen Gedichten offenbaren sich durch überraschende Nachbarschaft unvermutete Verwandtschaften, die immer wieder der eigenen Weltsicht und den herrschenden Meinungen widersprechen. Diese Technik erinnert an die Parabeln von Sufi-Mystikern oder an die Gedichte des schon erwähnten Kabir, der seine Zuhörer existentiell zu provozieren versuchte, indem er Sinn und Sprache auf den Kopf stellte, bis an die Grenze des Surrealen oder gar des Nonsens. Ranjit Hoskoté, ein mitfühlender Skeptiker, geht nicht so weit – dazu fehlt es ihm an einer missionarischen Motivation. Aber er verfaßt Gedichte, die unverschämt gut sind.

Bombay Revisited

Bombay. Juni 2006

Es war ein schlimmer Monsun dieses Jahr. Zuerst regnete es einen Tag und eine Nacht lang, bis das Wasser nicht mehr abfließen konnte, derweil die Meeresflut anstieg auf den höchsten Pegelstand seit langem. Bombay wurde von oben und von unten überschwemmt, das Wasser sammelte sich in den Flächen, die dem Meer entrissen worden sind, in den Senken zwischen den Erhebungen, in den einstigen Lagunen zwischen den sieben Inseln (Mythen sind nicht nur auf Hügeln erbaut). Das Geschäftsleben setzte einige Schläge aus, Straßen wurden zu Kanälen, Hunderttausende von Angestellten wateten knietief in Trübsal nach Hause, weil die Eisenbahnen, die das kommerzielle Herz im Süden mit dem Rest der Stadt verbinden, ausfallen, wenn die Gleise mehr als zwölf Zentimeter unter Wasser liegen. Jede überschwemmte Stadt ist ein unvergeßlicher Anblick – Bombay unter Wasser ist wie von einem Hieronymus Bosch auf Acid gemalt. Die Tempel schließen ihre Tore, um den gurgelnden Gebeten zu entkommen, Erdrutsche begraben Hütten und Werkstätten, Unglückselige werden von offenen Gullys verschlungen; auf den Dächern der Taxis hocken gestrandete Fahrer und starren in die dunklen Fluten wie kurzsichtige Reiher.

Bombay hatte kaum Zeit, sich von der Sintflut zu erholen, da verbreitete sich die Nachricht, am Stadtrand protestierten wütende Moslems, weil eine *chowki* (kleine Station) der Polizei auf einem ihrer Friedhöfe erbaut werden sollte. Die Polizisten schossen in die Menge und trafen zwei Männer tödlich. Am Abend desselben Tages, etwa um 21.30 Uhr, rutschte das Motorrad zweier Polizisten auf nasser Straße aus, und ein aufgebrachter Mob bewarf die Polizisten mit Steinen und stach auf sie ein, bis sie tot waren. Die Polizei behauptete, kriminelle Kräfte wehrten sich gegen eine stärkere Präsenz der Ordnungshüter, moslemische Organisationen monierten, daß die Behörden ihr Anliegen nicht angehört und keine einvernehmliche Lösung angestrebt hätten. Drei Tage später besudelten Unbekannte das Denkmal der verstorbenen Ehefrau von Bal Thakeray, verschmierten ihr Gesicht mit Schlamm. Der beleidigte Witwer, ein ehemaliger Karikaturist, ein Meister der Überzeichnung also, der selbst überlebensgroß auftritt als Mann des Volkes im Überwurf des historischen Auftrags, die Hindu-Nation zu retten, ließ seinen *goondas* freien Lauf. Die Handlanger der Shiv-Sena-Partei stürmten auf die Straße, zündeten Fahrzeuge an, erzwangen die Schließung aller Läden, und Bombay mußte wieder einmal stöhnend den alternden Regenten Bal Thakeray zur Kenntnis nehmen, dem die Macht zunehmend entgleitet.

Und dann, zwei Tage später – zwischen 18.24 und 18.31 am Abend – explodierten sieben Bomben innerhalb von sieben Minuten an sieben Stationen der Western Railway Line und zerfetzten die Erste-Klasse-Abteile, in denen sie gelegt worden waren, um die professionelle Elite zu treffen. Die viertausend Passagiere, die zu dieser Tageszeit in einem Nahverkehrszug zusammengepfercht sind, taumelten auf die Gleise, zerrten mit bloßen Händen an dem grotesk verbogenen Metall der Waggons, um die vielen Verletzten zu bergen, saßen verloren blutend auf den Bänken. Die zuständige Railway Police Force war überfordert: sie verfügte über keine Erste-Hilfe-Kästen und wußte nicht einmal die Telefonnummern der nahe gelegenen Krankenhäuser. Es starben mehr als 200 Menschen an diesem Tag, doch was die Bewohner Bombays tiefer traf als die Trauer um ihre Mitbürger, war die Verunsicherung, ob das fragile Gleichgewicht ihrer Stadt kippen würde. Könnten solche Bombenanschläge die gewachsene Hybridität, die schier unendliche Bandbreite der Schattierungen, die Bombay in sich trägt, zermalmen? Drei Bücher, die dieser Tage auf deutsch erscheinen, geben Antwort auf diese Frage, indem sie Bombay möglichst umfassend einzufangen versuchen, und bemerkenswerterweise gelingt dieses vermessene Vorhaben den indischen Autoren Vikram Chandra, Suketu Mehta und Altaf Tyrewalla, auch wenn sie schließlich – sei es in sprachlicher, analytischer oder inhaltlicher Hinsicht – vor diesem Moloch doch in die Knie gehen.

*

Die Probleme, die Bombay diesen Sommer mit Wundbrand überzogen haben, stehen im Mittelpunkt dieser drei Bücher, die allesamt, jedes auf seine eigene Art, einen holistischen Blick auf die Stadt richten. Ausgangspunkt ist ein neuer Kampf um Differenz, genährt von einem vermeintlichen Zwang zur Selbstbehauptung, mal rhetorisch, mal gewaltsam geführt. Die meisten Stadtbewohner sind Zuwanderer, und selbst jene, die seit einer oder mehreren Generationen hier zu Hause sind, halten enge Beziehungen zu den Orten ihrer Herkunft aufrecht. Geschaffen und geformt von den Briten, erbaut und beseelt von parsischen Schiffsbauern, Händlern aus Gujarat, Textilarbeitern aus den Dörfern Maharashtra, Dalit-Hilfsarbeitern aus dem Süden, Musikern und Lehrern aus Goa, bot Bombay seit jeher verschiedenen Menschen eine Heimat, ohne irgendeiner Gemeinschaft zu eigen zu sein. In dieser »Stadt des Goldes« gab es für jeden Menschen Platz und Auskommen. Das änderte sich, als die Stadt eine kritische Größe, eine erträgliche Dichte an Besiedelung, überschritt. Parteien wie die Shiv Sena begannen die Frage nach der Zugehörigkeit zu stellen. Die Schuldigen an der städtischen Krise waren schnell ausgemacht: Flüchtlinge aus Bangladesh und Muslime im allgemeinen. Benannt nach Shivaji, einem Fürst der Marathas aus dem 17. Jahrhundert, der aus chauvinistischer Sicht zu einem Kriegshelden mit Heiligenstatus erhöht wurde, propagierte die Shiv Sena ab den achtziger Jahren des

20. Jahrhunderts eine Politik der Ausgrenzung und etablierte sich gleichzeitig als Sozialverband, der in den ärmeren Vierteln ein Versorgungsnetzwerk aufbaute, parallel zu den fast moribunden Strukturen der Stadtverwaltung. Mit ihrer Sozialarbeit gewann die Shiv Sena die Sympathie der Slumbewohner, mit ihrer Demagogie vermittelte sie der meist hinduistischen Mittelklasse, die einen täglichen Kampf um den Erhalt ihrer kleinen Privilegien führen muß, ein neues Selbstwertgefühl. Indem sie eigene Gewerkschaften gründete, die der traditionellen, kommunistisch orientierten Arbeiterbewegung das Wasser abgruben, sicherte sie sich auch Rückhalt bei den Reichen und Einflußreichen.

Wenn Differenz angemahnt und öffentlich inszeniert wird, suchen die Ausgegrenzten nach eigenen Fluchtpunkten. Jede Seite verschanzt sich hinter Bunkern einer vermeintlich homogenen Identität und baut ihre Arsenale aus. Die Explosion ist nur noch einen Funken entfernt. Suketu Mehta läßt sein grandioses Stadtporträt folgerichtig im Dezember 1992 beginnen, als in einer kleinen nordindischen Stadt namens Ayodhya ein Mob, dem seit Monaten mit fanatischen Parolen eingeheizt wurde, die Babri-Moschee zerstörte, weil sie angeblich auf der Stelle eines besonders heiligen Ram-Tempels errichtet worden war. Innerhalb von Stunden wurde der Bau Stein um Stein entweiht, bis von ihm nichts übriggeblieben war außer einer brennenden Wunde. Der Schock unter den etwa 150 Millionen Moslems Indiens war groß und die Bereitschaft zurückzuschlagen enorm. An vielen Orten reagierten die Verantwortlichen umsichtig: die Leitung des größten Seminars des Landes in Deoband ließ die Tore der Lehranstalt für drei Tage verschließen, damit die aufgebrachten Studenten nicht in das Städtchen ziehen konnten. Doch in Bombay, gerade in dem toleranten, kosmopolitischen Bombay, geschah das Unfaßbare. Die Stadt entzündete sich, Menschen wurden vergewaltigt, gelyncht, angezündet. Die Polizei schoß – manchmal wahllos – auf jene, die sich auf die Straße gewagt hatten. Wer wo wann mit der Gewalt begonnen hat, ist im Nachhinein schwer auszumachen. Tatsache ist, daß sich die Nachricht von der Vergewaltigung von Hindufrauen, darunter das Gerücht, ein behindertes Mädchen sei von einer »Horde von Beschnittenen« mißbraucht und dann bei lebendigem Leib verbrannt worden, die Rachegelüste schürte. In den folgenden Wochen wurden etwa zweitausend Menschen umgebracht, die meisten von ihnen Moslems. Die Passionsgeschichte der vergewaltigten Frau ist ein zentraler Mythos in dem Hindu-Moslem-Aufruhrsystem, das Indien seit Jahrzehnten plagt. Oft wird die Schmach der eigenen Frauen aus der blutigen Zeit der Teilung des Landes in Indien und Pakistan heraufbeschworen, um die heutige Gewalt zu legitimieren. Suketu Mehta ist es gelungen, einige der vor Mord nicht zurückschreckenden Aktivisten der Shiv Sena zum Sprechen zu bringen, und die unverblümten, stolzen »Geständnisse« dieser patriotischen Helden gehören zu dem Entsetzlichsten, was man lesen kann.

Was auf diese Massaker folgte, wird eindrücklich in Vikram Chandras Roman nacherzählt. Die Bosse der Unterwelt Bombays, bis dahin von ausgeprägter Säkularität, begannen sich auf eine der beiden Seiten zu schlagen. Der mächtige Concilieri Dawood Ibrahim schmuggelte, wohl mit Hilfe des Geheimdienstes ISI, Sprengstoff aus Pakistan ein, und am 12. März 1993 explodierten zehn Bomben an neuralgischen bzw. symbolischen Orten, etwa in der Börse oder in dem Hochhaus von Air India. Der einstige Adjutant von Dawood Ibrahim, Chota Rajan, spaltete sich mit seinen Getreuen ab, und wenn man Chandras Roman Glauben schenken darf, wurde der hinduistische Mafiaboß ein Informant des indischen Sicherheitsdienstes, sein Schwert und Schild in der Unterwelt.

Vikram Chandra ist nicht der erste Künstler, der sich dieses Themas angenommen hat. Ram Gopal Verma hat vor Jahren mit »Company« ein düsteres, ungeschöntes und erotisches Porträt dieser beiden Gangster gedreht, in grobkörnigen, rasant geschnittenen Aufnahmen. »Company« hebt an mit einer Stimme aus dem Off, die als Motto am Anfang der hier besprochenen Bombay-Epen stehen könnte: »*Whatever you say, everything one does in life is for profit. This business is done for profit too. Without paying taxes or keeping accounts. Because this business is run on fear. Not paperwork.*« (Sie können sagen, was Sie wollen: Alles, was man im Leben tut, tut man wegen des Profits. Auch dieses Unternehmen arbeitet für Profit. Es zahlt keine Steuern und führt nicht Buch. Denn dieses Unternehmen arbeitet mit der Angst.)

Man kann das Sachbuch von Mehta und den Roman von Chandra mit großem Gewinn parallel lesen. Die Textebenen verfließen miteinander. Manchmal formuliert Mehta poetischer und packender, manchmal scheint Chandra das Unergründliche genauer recherchiert zu haben. Die gelegentlich etwas blauäugige Porträtierung hochrangiger Polizisten bei Mehta erhält eine Korrektur ins Düstere bei Chandra. Dessen Darstellung entspricht eher meinen eigenen Erfahrungen und Recherchen, nämlich, um es etwas vereinfacht zu sagen, daß die Polizei die mächtigste Mafiagruppe bildet, die alle anderen Gangs kontrolliert, indem sie diese gegeneinander aufhetzt und ausspielt. Übereinandergelegt verschränken sich die beiden Texte zu einem dichten, vielstimmigen und glaubwürdigen Panorama der Machtverhältnisse in der Stadt, denn beide Autoren teilen offenkundig die Überzeugung, daß man das Bombay nach den Bombenanschlägen von 1993 am besten anhand der Grauzone zwischen korrupter Polizei und rivalisierenden Gangs begreifen kann.

*

In Bombay kann man leicht sterben, niemals aber vergessen, daß man am Leben ist. Nachts bevölkert dichter Lärm die eigenen Träume, wachend ist man durchdrungen von einer einzigartigen Energie, die sich aus Millionen von Überlebenskämpfen speist – Tag für Tag, an jeder Ecke, am Straßenrand –, von einem Puls, der in dem hysterischen Hupen der Fahrer ebenso schlägt wie in den hektischen Bewegungen, mit denen die Paanwallas Betelnüsse würzen und einrollen. Wer Bombay beschreiben will, muß einen literarischen Weg finden, diese dynamische Allgegenwart, diese Synkopen zwischen Hoffen und Verzweifeln, zwischen Fluchen und Frohlocken einzufangen. Wer über Bombay schreiben will, muß die Kunst der giftigen Liebeserklärung beherrschen, und das können richtige Bombaywallas, wortwörtlich »jene, die zu Bombay gehören«, eingefleischte Verächter der eigenen Hingabe – Autoren wie Chandra, Mehta und Tyrewalla. Ihre liebevollen Entlarvungen Bombays legen Zeugnis ab von den starken Banden, die bei aller Verletzung und Enttäuschung zwischen der Metropole und ihren Bürgern bestehen.

Vikram Chandra – und weniger ausgeprägt auch Suketu Mehta – vertraut dem realistischen Breitwandpanorama des 19. Jahrhunderts, nicht nur in der detailgenauen Beschreibung und der unaufgeregt-funktionalen Sprache, sondern auch in der fast soziologisch genauen Schilderung unterschiedlicher Schichten und Sphären, von Obdachlosen bis zu Ministern, von Sadhus (Eremiten) bis zu Prostituierten. Grundlage eines solchen Realismus ist natürlich eine profunde Recherche, und in dieser Hinsicht haben beide Autoren vorbildlich vorgearbeitet. Mehta scheint ein hervorragender Zuhörer zu sein, dem es gelingt, selbst jene zum Reden zu bringen, die aus professionellen Gründen verschwiegen sind: einen hochrangigen Polizisten, einen Kleinkriminellen, einen Filmregisseur, eine Kurtisane. Eine beeindruckende Zahl von Menschen hat ihm Vertrauen geschenkt, und diese Zeugnisse garantieren die intime Glaubwürdigkeit seiner dokumentarischen Erzählung. Und da er meist zurückhaltend kommentiert, seine Befindlichkeit nur selten einbringt, verfällt man als Leser wie Hunderttausende Männer in Bombay dem Reiz der Dancing Bars, jenen schummrigen Schuppen, in denen sich junge Frauen züchtig bekleidet auf einer kleinen

Tanzfläche verrenken, umgeben von gaffenden Kunden, die ihnen zu Girlanden zusammengebundene Banknoten umhängen oder einen Packen Scheine über ihre Köpfe hinabregnen lassen. Bei Chandra hingegen erfährt man, wie Wahlen gefälscht werden, worauf der Erfolg der Shiv Sena basiert, wie Bestechungsgelder im Polizeiapparat verteilt werden und wie das politische System Indiens funktioniert – besser als in einem politologischen Fachbuch.

Am ehesten läßt sich Chandras Roman mit Vikram Seths »Eine gute Partie« und Rohinton Mistrys »Das Gleichgewicht der Welt« vergleichen (ohne, das sei zur Warnung gleich hinzugefügt, ihre Qualität zu erreichen), mit einer kleinen, doch durchaus bedeutenden Ausnahme – dem Einfluß von Bollywood. Wie Rushdie nimmt Chandra gerne Anleihen beim populären Hindi-Film. »Wenn man in Indien am Ende des 20. Jahrhunderts aufgewachsen ist«, erklärte er mir vor Jahren in einem neu eröffneten Restaurant im Vorort Bandra, wo die überzähligen Kellner fledermäusig an den Wänden klebten, um sofort zu uns zu flattern, kaum daß wir das leiseste Zeichen gaben, »konnte man dem Einfluß von Filmen nicht entgehen. Ich liebe das kommerzielle Kino, die Vielfalt an Formen ist fabelhaft. Ich mag auch die Lieder in den Filmen, die als eine Art erhabene lyrische Ebene funktionieren, auf der die Spannung für einige Minuten aussetzt, um danach um so intensiver wahrgenommen zu werden. Diese Technik, die Intensität der Zuschauergefühle aufrechtzuerhalten, hat eine lange Tradition, die bis in das klassische Sanskritdrama zurückreicht. Soweit wir wissen, hat das klassische Drama Tanz- und Liederszenen als essentiellen Teil der Erzählung benutzt. In unserer Tradition dominiert die Vorstellung, daß man auch durch Vergnügen Erleuchtung erlangen kann. In den großen Epen werden die Geschichten sehr unterhaltsam dargeboten, doch die Essenz der Lektüre soll natürlich *shanti* (Friede) sein.«

Um ihn also selbst zu paraphrasieren: In seinem Roman

»Bombay Paradise« baut Chandra mit den Mitteln des Kolportage- und Kriminalromans Spannung auf, doch die Essenz der Lektüre ist *veda* (Wissen). Das Verfahren ist nicht ohne Gefahr – manch ein Nebenstrang gerät so flach wie die Synopse eines Bollywood-Films, etwa die Geschichte einer Gangstertochter, die – obwohl sie einen anderen Mann liebt – in eine arrangierte Ehe einwilligt und sich scheinbar ihrem Schicksal fügt, nur um sich auf der Hochzeitsreise in der Schweiz nachts vor ein Auto zu werfen. Oder die wundersame Verwandlung des Gangsterbosses Ganesh Gaitonde, der seine Libido im Bett seiner Frau erst findet, nachdem er bei den Unruhen zu einem Anführer geworden ist. Tyrewalla bietet uns übrigens eine spiegelverkehrte Verwandlung: der junge Babua wird zu einem Hindufanatiker, weil er ein Dorfmädchen nicht befriedigen kann.

Chandra und Mehta haben gemeinsam an dem Drehbuch zu einem (leider nicht überzeugenden) Film namens »Mission Kashmir« mitgeschrieben, in dem es – was mittlerweile keinen Leser verwundern dürfte – um Gewalt gegen Unschuldige, um Sühne und Rache geht, vor dem Hintergrund des Kaschmirkonfliktes zwischen Indien und Pakistan, zwischen Hindus und Moslems. Mehta widmet mehr als 100 Seiten dem Filmgeschäft in Bollywood, der Beziehung zwischen Stars und Gangstern, die sich gegenseitig romantisieren, den Projektionen von Chauvinismus und Versöhnung, aber er scheut auch nicht vor Klatsch zurück und gefällt sich selber als Mitglied einer auserwählten Kaste von Technohypnotiseuren, die Millionen erreichen und beeinflussen.

Altaf Tyrewalla, der keineswegs vernachlässigt werden soll, auch wenn sich sein Buch neben den beiden anderen Klötzen dünn wie ein Furnier ausmacht, schlägt den entgegengesetzten Weg ein. »Kein Gott in Sicht« ist ein Kunstwerk der Verknappung, voller gebrochener Stimmen, die von der Bühne gescheucht werden, kaum haben sie ihren Groll kundgetan – ein Reigen von miteinander bekannten oder gar vertrauten Figuren, die so flüchtig auftauchen wie Passanten. Altaf Tyrewalla orientiert sich formal eher an Robert Crumb als an Charles Dickens. Seine Metaphern sind manchmal verbale Übersetzungen aus der Welt der Comics. Es ist mutig, die überdimensionierte Metropole zweidimensional abzubilden, in Unterkapiteln mit der Länge von Videoclips. Aber es gelingt, weil Tyrewalla den unübersehbaren Stadtraum auf Nischen und Kammern reduziert, in deren klaustrophobischer Enge sich die Menschen eingerichtet haben, ohne sich aufrichten zu können. Männer wie Kaka, die im Dachgeschoß oberhalb eines Schuhladens arbeiten, hockend wie Frösche, und jene Schuhkartons, die von den Verkäufern eingefordert werden, durch eine Luke hinunterreichen. Ich habe öfters in solchen Läden eingekauft und mich nie gefragt, wer dort oben die passenden Schuhe findet und wie es dort oben aussieht, und nachdem ich nun Altaf Tyrewallas brillante Beschreibung gelesen habe, schlüpfe ich in meine Schuhe mit einem Gefühl der Scham. Wie kein anderer Autor läßt Tyrewalla den Leser den Platzmangel in Bombay spüren. Grandios auch seine Vision, auf dem Dach eines Wolkenkratzers einen moslemischen Slum entstehen zu lassen, der Anfang einer grotesken Abfolge von Verwicklungen. Sie spielen sich im 14., 15. und 16. Stockwerk ab, zwischen den Wohnungen mit den Nummern 01, 02, 03 und 04, nicht zu vergessen die 20 Sekunden, die der Gangster aus Wohnung 1403 zählt, bevor er die Tür aufreißen will, um die Frau, die auf der Suche nach Arbeit angeklopft hat, zu erschießen, weil er einen Anschlag auf sein Leben befürchtet. Doch er bleibt immer wieder bei der Zahl 7 hängen, so daß die Frau aus dem Slum auf dem Dach des Wolkenkratzers gerettet wird und die Verkäuferin von Damenwäsche gleichzeitig ihre Glückszahl 7 bestätigt sieht, denn in der Wohnung 1401 lebt eine Mutter mit sechs Töchtern. Solche oulipotischen Gleichungen stilisieren die Realität hoch, bis sie einem Sudoku-Rätsel ähnelt, aber trotz aller Konstruktion und Inszenierung hechelt und hustet Bombay in diesem Buch aus belegter Lunge.

Bombay, einst auf faulem Fisch erbaut, hat im Laufe seiner Geschichte unzählige Glückssucher, Gierhälse und Größenwahnsinnige angelockt, und zu ihnen gehören auch die Chronisten der Stadt, denen dieser Moloch alles abverlangt. Nur zu verzeihlich, daß sie beim Stemmen eines solchen Übergewichts gelegentlich in die Knie gehen. Wie schon in seinem Roman »Tanz der Götter« und der Kurzgeschichtensammlung »Die fünf Seiten des Lebens« legt Chandra seine Geschichten wie russische Matroschkas an. Er greift die verschachtelten narrativen Formen aus klassischen Epen wie dem »Mahabharata« und dem »Ramayana« auf. Doch das Spiel wird manchmal zum Selbstzweck, die überraschend aufgerissenen Fenster öffnen sich nicht auf eine weitere belebte Straße Bombays, sondern auf grob getünchte Wände. Suketu Mehtas größte Schwäche erwächst direkt aus seiner Hauptstärke. Angesichts seiner Nähe zu den Figuren verliert er den kritischen, analytischen Blick. Sein Porträt des einzigen nicht korrupten Polizisten krankt daran, daß dieser Mann, wie mir ein Freund mit Kontakten zur Polizei bestätigt hat, durchaus käuflich ist, allerdings nur gegen sehr viel Geld. Und seine Beschreibung der Dance Bars beschönigt das Phänomen versteckter Prostitution, was unter anderem daran liegt, daß sich Mehta viele Abende lang in einem ultraschicken Boutique-Establissement, dem Topaz an der Grant Riad, aufgehalten hat und nicht in den schmierigen und vulgären Lustkaschemmen in den Vororten. Trotzdem: auch wenn »Maximum City« nicht das ultimative Buch über Bombay geworden ist, es ist eines der besten, die wir haben.

Altaf Tyrewalla dagegen recherchiert offensichtlich ungern. Obwohl seine Erzählung nur ein Zehntel des Romans von Chandra umfaßt, läßt er zehnmal so viele inhaltliche Fehler wie dieser zu. Seine Schilderung eines Dorfes nahe Bombay ist eine schiefe Karikatur, ebenso seine Erklärungen zur Hadsch. So schreibt er etwa, daß in dem nicht benannten Jahr, in dem die Großmutter umkommt, 300 indische Pilger in Mekka gewesen seien – die tatsächliche Zahl dürfte eher bei 70 000 gelegen haben. Es ist auch keineswegs richtig, daß sich alle zwei Millionen Pilger auf die Säule stürzen, um als erste den Teufel zu steinigen.

Bei Chandra watet man durch das überschwemmte Bombay von Nariman Point an der Südspitze bis Versova im Norden; Mehta lädt zu einer langen Sitzung der Anonymen Bombay-Süchtigen ein; und bei Tyrewalla berauscht man sich an dem literarischen Äquivalent von zwei Stunden MTV-India. So sehr sich ihr Zugang und ihre Stimme unterscheiden, sie berichten alle überwiegend zuverlässig und lesenswert von der aufregendsten Stadt der Welt.

Die Heuchelei des Westens
Indiens Reaktion auf »War on Terror«

Bombay. Anfang 2003

Die Drohung von George Bush nach den Anschlägen des 11. September, »Wer nicht mit uns ist, ist gegen uns«, war nur die erste von vielen Vereinfachungen, mit denen westliche Politiker und Publizisten seitdem operieren. In den Ländern der sogenannten Dritten Welt erinnern Gegensatzpaare wie »Zivilisation/Barbarei« jedoch auf unangenehme Weise an die Kolonialzeit, die in diesem Teil der Welt von vielen als nicht verheilte Wunde empfunden wird. So auch in Indien, das mit einigem Stolz auf eine reiche, mehr als 4000jährige Zivilisationsgeschichte zurückblickt. Die Diskrepanz zwischen diesem kulturellen Reichtum und der wirtschaftlichen bzw. militärischen Machtlosigkeit führt zu ausgesprochener Sensibilität und kritischer Distanz. Ob Priester, Dichter, Manager oder Musiker, ob kommunistisch oder konservativ eingestellt, die Reaktion der gebildeten Inder fällt in dieser Hinsicht auffällig einheitlich aus. Die »Arroganz des Westens« ist in den vergangenen Monaten zu einem geflügelten Wort geworden.

Davon unberührt bleibt das Mitgefühl für die New Yorker, das aufgrund eigener Erfahrungen von einem besonderen Verständnis für die Situation der Opfer getragen wird. Am 12. Mai 1993 explodierte in Bombay an einem Tag ein Dutzend Bomben, die Hunderten von Menschen das Leben kostete. Und in der seit 15 Jahren von Gewalt traumatisierten Provinz Kaschmir haben Selbstmordkommandos allein seit dem 11. September mehrfach zugeschlagen und vor allem in der Landeshauptstadt Srinagar Passanten, Polizisten und spielende Kinder zerfetzt. Im Dezember 2001 kam es sogar zu einem terroristischen Überfall auf das indische Parlament in Neu-Delhi. Die Täter waren jeweils kriminelle Organisationen, die den Islam für ihre Propaganda instrumentalisieren – Vorläufer oder Nachahmer von Osama bin Laden. Den Indern sind Terroranschläge also keineswegs fremd, und die große, aber in sich sehr heterogene Hindumehrheit (ca. 800 Millionen) hegt gewiß keine starken Sympathien für den Islam, noch weniger für seine fundamentalistische Ausprägung, obwohl man keineswegs die vielen – regional unterschiedlich ausgeprägten – Berührungspunkte und Vermischungen zwischen den beiden Religionen übersehen sollte. Um so erstaunlicher also die vielfältige, differenzierte Diskussion der Gründe, Hintergründe und Folgen des Attentats in Manhattan. Die Stellungnahmen reichen von einem religiös-philosophisch begründeten Pazifismus, der in der indischen Geistesgeschichte eine ruhmreiche Tradition aufweist, über eine unabhängig-kritische Analyse der US-amerikanischen Außenpolitik bis hin zu dem Lamento, daß Indien die Folgen dieses Konflikts negativ zu spüren bekommen wird.

Vermutlich hat in keinem anderen Land der Welt die führende Presse seit dem 11. September so oft eine ideelle Position bezogen wie in Indien. Die Ethik von *ahimsa* (Gewaltlosigkeit) durchzieht das indische Denken, von den Schriften der Jains und Buddhisten bis hin zu Mahatma Gandhi. Allerdings wird Gewaltlosigkeit viel weiter gefaßt, als man im Westen gemeinhin denkt. Schon das Unterteilen der Menschen in »Wir« und die »Anderen« gilt als Gewalt. In sorgenvollen Zeiten wie diesen berät man sich traditionell mit den heiligen Büchern. So ruft Chaturvedi Badrinath in der »Times of India« eine Erzählung aus dem Epos »Mahabharata« ins Gedächtnis, die den Kreislauf von Gewalt, Rache, Verbrechen, Rache und neuerlicher Gewalt abbildet und den Leser beschwört, nie zu den ultimativen Werkzeugen der Gewalt zu greifen. Denn »Haß und Rache sind die Waffen, die die Welt zerstören«. Nicht nur streng religiöse Inder denken in diesen Tagen oft an den Spruch »*ahimsa paramo dharma*« – Gewaltlosigkeit ist höchste Pflicht –, der sich wie ein Leitfaden durch viele klassische Texte zieht. Selbst ein Klatschblättchen wie die »Bombay Times« widmete am 18. Oktober dem Dalai Lama eine Titelgeschichte unter der Überschrift »Mitgefühl ist die einzige Lösung«. Der Dalai Lama gemahnt, daß der Pazifismus eine Grundeinstellung ist, die stets Gültigkeit habe, unabhängig von der realpolitischen Lage. »Wir müssen die Einheit der Menschheit erkennen. Wir betonen zu sehr zweitrangige Themen wie Hautfarbe, Nationalität, Glaube. Wir vergessen, daß wir alle in einem Boot sitzen, daß wir Harmonie vermitteln müssen.«

Übrigens änderte sich die grundsätzliche Haltung der seriösen indischen Presse gegenüber dem Krieg nicht, als Ende des letzten Jahres die Spannungen mit Pakistan wuchsen. »Vertreibt die Wolken des Krieges« – diese Überschrift aus »The Hindu« ist typisch für die Haltung der meisten Journalisten, die Mäßigung forderten und auf die enormen Nachteile und Kosten selbst eines Sieges in diesem Konflikt hinwiesen. Darunter figurierte die Warnung, ein Krieg würde den Einfluß der USA in Südasien fest zementieren. Die Publikationen (meist in Hindi, Marathi und Gujarati), die dem Hindunationalismus nahestehen, überschrien einander mit Forderungen nach Rache und Vergeltung, aber als Sprachrohre bestimmter Politinteressen nehmen sie an einem selbstkritischen, nachdenklichen öffentlichen Diskurs nicht teil.

Dem gegenüber steht die vermeintlich grundsätzliche Gewaltbereitschaft der USA. Siddharth Varadarajan schreibt, ebenfalls in der konservativen »Times of India«: »Wenn die Anwendung von Gewalt fast zu einem Kult erhoben worden ist, wie durch die USA in den Jahren seit dem Ende des Kalten Krieges, dann ist es unausweichlich, daß Amerikas Feinde und Opfer auf der ganzen Welt ebenso monströse Methoden übernehmen werden.« In der gleichen Zeitung zieht Kaveree Bamzai zwei Monate später ein vernichtendes Resümee: »Amerika hat einen gesunden Appetit für Blut und Innereien [...] Ja, Amerika liebt den Krieg. Aber nur, wenn er weit weg stattfindet, in Europa etwa oder in Asien, und bevorzugt, wenn er keine amerikanischen Opfer fordert.« Die Autorin weist auch auf zwei grausame und chauvinistische Kriegsfilme hin, die nach der angemessenen ersten Trauerphase die Kinos erobert haben – »Black Hawk Down« und »Behind Enemy Lines«. Beide erinnern sie auf fatale Weise an einen Zettel, der in der Schule von Uruzgan, wo die US-Armee versehentlich eine Reihe von Karzai-Kämpfern umgebracht hat, von einem US-Soldaten zurückgelassen wurde: »*Have a nice day – from Damage Inc.*« Die Grauzonen des virtuellen Krieges zwischen Hollywood und Uruzgan!

Der hervorragend informierte Sitaram Yechury (einer der Vordenker der kommunistischen Partei Indiens) sieht im »The Hindu« in dem Krieg gegen Afghanistan einen weiteren Ausdruck US-amerikanischer Hegemonialpolitik: »Um die Interessen der Erdölkonzerne zu stärken und tatsächliche Kontrolle über die Erdölressourcen der Region zu erhalten, benötigt die USA eine gefügige Regierung in einem vereinten Afghanistan.« In der »Hindustan Times« fordert Praful Bidwai die Einhaltung des internationalen Rechts ein, während Sobha John das »große blühende Geschäft mit dem Krieg« unter die Lupe nimmt und aufzeigt, wie gut die USA, Frankreich und Großbritannien am Golfkrieg verdient haben. Die Zeitschrift »Outlook« – eine schmalere und seriösere Version des »Spiegel« – gab seinen Lesern einen Grundkurs in alternativen Medien, samt einer Liste einschlägiger Websites – ironischerweise überwiegend in den USA sitzend, so etwa www.zmag.org oder www.alternet.org. »Times News Network« hielt es sogar für notwendig, den US-amerikanischen Medien eine Lektion in Pressefreiheit zu erteilen. Angesichts der allgemeinen Selbstzensur jenseits des Ozeans sei es ein Segen, daß die indischen Gesetze keine ausländische Beteiligung an einheimischen Printmedien erlauben, schloß der Artikel. So bliebe die Meinungsvielfalt der indischen Presse gewährleistet.

Arundhati Roys Attacke (FAZ, 28. September 2001) auf die von den USA betriebene politische und wirtschaftliche Weltordnung, die von Jens Jessen in »Die Zeit« als »wildester Angriff« kritisiert wurde (»der Irrsinn lugt der Konstruktion aus allen Ritzen«), fand in Indien regen Zuspruch, wie die Vielzahl der zustimmenden Leserbriefe nach dem Erstabdruck sowie eine Reihe von persönlichen Gesprächen und Interviews gezeigt haben. Die teilweise deftige Kritik, die sich in dieser kleinen Auswahl indischer Stimmen äußert, kann keineswegs einem manischen Haß auf die westliche Kultur zugeschrieben werden, wie es unter anderem Samuel Huntington und seine vielen Adepten zu tun pflegen. Im Gegenteil: Die meisten gebildeten Inder sind der US-amerikanischen Kultur gegenüber durchaus aufgeschlossen, viele haben sogar in den USA studiert. Die Vermutung, hinter dem Antiamerikanismus stehe ein ignoranter, blinder Fanatismus, greift gerade im Falle Indiens überhaupt nicht. Oft wird aus einer profunden Kenntnis der zeitgenössischen amerikanischen Realität und (Pop-)Kultur heraus argumentiert. Man merkt den Autoren und Autorinnen an, daß sie die lautstark proklamierten westlichen Werte ernst nehmen, weil sie in ihnen eine Stärke sehen. Das Argument, solche Kritiker seien »gegen unsere Werte«, erweist sich in diesen Fällen als eine Verdrehung der Realität. In Wirklichkeit mahnen die Kritiker die Differenz zwischen der Rhetorik und dem Handeln an.

Die nachdenklichen Inder scheinen eine Spürnase für Heuchelei entwickelt zu haben. So wurde im »The Hindu« ironischerweise gerade der von Jens Jessen als liberaler Ahnherr ins Feld geführte John Stuart Mill als einer jener westlichen Denker vorgeführt, die mit zweierlei Maß maßen: zu Hause hielt er (als hochrangiger Funktionär der East India Company) Bürgerrechte hoch, die er den indischen Untertanen des britischen Imperiums nicht zubilligte. Die Fortsetzung solcher Heuchelei mit neuen

Schlagworten ist in den letzten Monaten rigoros angeprangert worden. Siddharth Varadarjan etwa spricht von dem »kranken moralischen Kompaß« der USA, die sich nichts daraus gemacht haben, »500 000 Iraker zu einem frühen Tod zu verurteilen, die meisten davon Kinder«. Mal um Mal wird daran erinnert, daß die USA die Taliban erst erschaffen haben. Fast täglich erscheinen in der Presse Rückblicke auf die 80er und 90er Jahre. Längst vergessene Details gelangen ans Licht der klügeren Nachbetrachtung. Etwa, daß der CIA die Taliban sogar noch während des Bürgerkriegs gegen die Mudschaheddin (aus denen die heutige Nordallianz erwachsen ist) unterstützt hat. Oder daß der CIA und der pakistanische Geheimdienst ISI jahrzehntelang enge Komplizen waren, so auch zu der Zeit, als die pakistanische Armee im heutigen Bangladesch einen der schrecklichsten Genozide des 20. Jahrhunderts beging (schätzungsweise zwischen einer und drei Millionen Tote). Nicht in Vergessenheit geraten soll auch, daß pakistanische Putschisten wie Zia-ul-Haq durch die Unterstützung des CIA und des State Department in ihrer Machtposition gefestigt wurden. Mit diesem Vorwurf verknüpft sich gelegentlich ein Ansatz von Selbstkritik, denn die indischen Eliten vermengen oft soziale Fragen und religiöse Demagogie zu einem explosiven Gemisch. Die von der Regierung stillschweigend geduldete Bajrang Dal (eine Mischung aus SA und Pfadfindertruppe) sät Angst und Schrecken, indem sie mal Kirchen, mal Missionare verbrennt. Und nach dem Massaker am 27. Februar 2003 an 58 *kar sevaks* (tatkräftige »Gottesdiener«), die von Ayodhya zurückreisten, beteiligten sich den Hindunationalisten nahestehende Kräfte an dem vier Tage lang anhaltenden Terror, bei dem mehrere tausend Menschen auf grausame Weise ermordet wurden.

Das in der US-amerikanischen Presse oft geäußerte Argument, die Anschläge des 11. September hätten nichts mit der eigenen Außenpolitik, mit den Ungerechtigkeiten bzw. Fehlern der Vergangenheit zu tun, findet in Indien kaum Gehör. Im Gegenteil:

Die indische Presse gibt sich viel Mühe, die jüngsten Ereignisse in einen historischen und sozialen Kontext zu stellen. Die Lehren von Vietnam werden herangezogen, ebenso andere »Vorbilder« wie etwa Chile, Osttimor oder Nicaragua. Sie bemüht sich aufzuzeigen, warum viele Menschen in der südlichen Hemisphäre auf den Massenmord von New York mit Schadenfreude, Genugtuung oder gar Begeisterung reagiert haben. Unterschwellig schwingt die Überzeugung mit, daß es gute Gründe gibt, wieso es die USA getroffen hat.

Die größte Heuchelei wird – quer durch alle politischen Kreise – in dem neuerlichen Hofieren Pakistans gesehen. Da Pakistan als der Anstifter, Finanzier und Förderer des Terrors in der gesamten Region betrachtet wird, habe sich der »Kampf gegen den Terror« in jenem Augenblick diskreditiert, in dem er Pakistan als einen der wichtigsten Verbündeten auserkor. Die Maßnahmen von Präsident Musharraf werden – etwas reflexartig – als »kosmetische Chirurgie« abgetan, gleichzeitig aber gewürdigt, daß er sich den USA besser verkaufe und international ein besseres Image habe als der ungeschickte, auf Englisch wenig eloquente Premierminister Vajpayee. Das Mißtrauen gegenüber pakistanischen Militärs wird von der Geschichte genährt. Gerade der Liebling des Pentagons, der Diktator Zia-ul-Haq, hat die islamistische, fundamentalistische Infrastruktur maßgeblich gefördert. Als am 2. Oktober 2001 – am nationalen Feiertag zu Ehren von Mahatma Gandhi – bekannt wurde, daß eine Bombe vor dem Landtag in Srinagar explodiert sei und insgesamt vierzig Menschen das Leben gekostet habe, forderte der Premierminister Kaschmirs unter Tränen einen Krieg gegen Pakistan. Denn die Organisation, die sich zu dem Attentat bekannte, wird erwiesenermaßen vom pakistanischen Geheimdienst unterstützt. Die bis dahin an den Tag gelegte Zurückhaltung wich dem wütenden Unverständnis, daß die westlichen Mächte dem Terrorismus in Kaschmir weiterhin kaum Beachtung schenken. »Die USA verdienen Mitgefühl für die Tragödie des 11. September, und sie haben Sympathie und Mitgefühl in Fülle erhalten. Doch hat Indien nicht ein ähnliches Mitgefühl für Kaschmir verdient, wo mehr Menschen Opfer des internationalen Terrorismus geworden sind als in den USA? Wir haben aber weder von den USA noch von ihren Alliierten jemals Mitgefühl erfahren.« (Pushpa Bhargava in »The Hindu«) Die ursprünglichen Hoffnungen, daß durch die Terroristenjagd die ganze Welt auf das Kaschmir-Problem aufmerksam würde, haben sich in der Zwischenzeit verflüchtigt. Erst am 24. Dezember 2001, infolge des Anschlags auf das indische Parlament vom 13. Dezember, haben die USA die indische Forderung erfüllt und die Jaish-e-Mohammed (»Die Armee Mohammeds«) sowie die Lashkar-e-Taiba als Terrorgruppen gebrandmarkt und deren Konten eingefroren. Das wurde positiv vermerkt, doch der nächste rhetorische Konflikt war schon programmiert, denn die strenge Ermahnung von Außenminister Powell, Indien möge bei seiner Reaktion Zurückhaltung an den Tag legen, wurde natürlich umgehend als »doppelter Moralkodex« verurteilt. Professor Ganguly von der University of Texas kam mit seiner Ansicht ausführlich zu Wort (»Times of India«, 24. 12. 2001): »[...] die völlige Konzentration Washingtons auf Afghanistan ist Ausdruck einer Strategie, die rein nationale Interessen verfolgt und nicht einem globalen und universellen Kampf gegen Terror dient.« Im »Outlook« vom 25. Februar 2002 verglich die Kolumnistin Madhu Trehan die Einstellung der USA zu der palästinensischen Führung mit der zu Musharraf. Punkt für Punkt wird gezeigt, wie gleiche Ereignisse unterschiedlich gewertet werden. Nach Terroranschlägen gegen Busse in Haifa bzw. in Srinagar mahnte Powell an die Adresse Arafats: »Worte sind nicht genug«, während Musharraf für reine Absichtserklärungen gelobt wurde. Einerseits sagte Powell über Palästina: »Die Gewalt muß ein Ende finden. Sonst gibt es keine Basis für Fortschritt.« Andererseits reagierte er auf die gleiche Forderung der indischen Regierung gegenüber Pakistan mit kaum verhülltem Unverständnis. Quod licet Musharraf non licet Arafat.

Wenig Vertrauen haben indische Kommentatoren in die Fähigkeit der Koalition gegen den Terror, eine langfristig stabile politische Alternative zu den Taliban aufzubauen. Indien unterstützt die Nordallianz seit längerem diplomatisch und auch finanziell, ist somit durchaus zufrieden mit deren neuerlicher Regierungsbeteiligung. Das könnte der indischen Außenpolitik eine seltene Chance eröffnen, Einfluß in der Region westlich von Pakistan auszuüben – die Minister der Regierung Karzai geben sich neuerdings in Neu-Delhi die Klinke in die Hand. Nur wenige Artikel haben an die Verbrechen der Nordallianz erinnert, die sich während ihrer Herrschaft vor allem durch Vergewaltigung, Raub, ethnische Säuberung und Ausbeutung ausgezeichnet hat. Doch andererseits werden immer wieder Ängste laut, der Krieg gegen die Taliban könnte die gesamte Region destabilisieren. Innere Konflikte in Pakistan – an potentiellen Fronten herrscht kein Mangel – könnten rasch auf Indien übergreifen. Insgesamt herrscht vorsichtiger Pessimismus und zunehmende Trauer um die vielen unschuldigen Opfer in Afghanistan. Die Welt sei »komplexer und ambivalenter, als Amerika glaubt«, schreibt der Schriftsteller Pankaj Mishra in einem Essay für »Outlook«. »Die Animosität und das Mißtrauen, das die Differenzen auf der Welt ausbrüten, werden weiter eitern, auch wenn die Regierung der USA die guten Menschen aller Welt zu einer Demonstration der Einheit gegen das dunkle Böse zwingen, das in den Schluchten von Afghanistan lauert.«

Mit einer sarkastischen Miniatur brilliert der Chefredakteur Vinod Mehta, einer der renommiertesten Journalisten Indiens, im »Outlook« vom 11. März 2002. Er schildert seine eigene Erfahrung bei einem der berühmten *round table dinners*, die in der Residenz des amerikanischen Botschafters Robert D. Blackwill in Neu-Delhi stattfinden. Zu einem Sechs-Gänge-Menü diskutieren helle Köpfe frei und offen über die Themen der Zeit. »Die einzige Regel an diesem Tisch ist, daß es keine Regeln gibt«, so heißt Seine Exzellenz, der Botschafter der Vereinigten Staaten von Amerika, seine angesehenen Gäste willkommen. So lautet die Rhetorik der Gastfreundschaft. In Wirklichkeit spielt sich eine Schmierenkomödie ab, die lachhaft wäre, wenn sie nicht die tatsächlichen weltpolitischen Machtverhältnisse so beklemmend genau widerspiegeln würde. »Solange man kurze Fragen an den Botschafter richtet oder einfach mit dem Kopf nickt bei jeder seiner Behauptungen, geht alles gut. Erfrecht man sich aber, mit ihm zu diskutieren oder ihn sogar bei Sachverhalten, mit denen er verständlicherweise nicht so gut vertraut sein kann – etwa der indischen Innenpolitik –, zu korrigieren, verteidigt er nicht nur seine Position vehement, sondern er verspottet, mißachtet und maßregelt den Herausforderer, bis dieser sich keine drei Fuß groß fühlt.« Eine Wissenschaftlerin etwa, die darauf hingewiesen habe, es lebten heute drei Millionen Muslime in den USA, wurde angeblafft, sie habe eine Null hinzugedichtet (die Zahl stammte aus dem unverdächtigen »The Economist«). Die Dame war den Tränen nahe und äußerte den restlichen Abend kein Wort mehr. Ein ehemaliger Botschafter Indiens in Washington mußte wie ein Schuljunge die Hand heben, um sich zu Wort zu melden, und ein berühmter Professor, der in seinen Ausführungen mehrfach abgewürgt wurde, schüttelte ungläubig den Kopf und schwieg von da an. »Da wurde mir klar, daß die Absicht hinter dem runden Tisch nicht Dialog sondern Monolog war. Unter dem Vorwand der Diskussion wurden Intellektuelle zu einem Vortrag über die Haltung der Regierung Bush in Sachen Enron und anderen aktuellen Themen gelockt. Wann immer ich dazwischenfunken wollte, schrie der Botschafter: »Ich bestehe darauf! Ich bestehe darauf!« Kein Wunder, daß der Nachtisch schweigend eingenommen wurde, nachdem der Botschafter alles Notwendige über das Böse in Iran, Irak und Nordkorea sowie über die europäischen Übertreibungen hinsichtlich der Reformkräfte in Iran vorgetragen hatte. »In Zukunft«, schließt Vinod Mehta seinen Artikel, »werde ich weitere Einladungen zu diesem geheiligten runden Tisch nicht annehmen, es sei denn Ehrengast wäre Julia Roberts.« Womit ein weiteres Mal bewiesen wäre, daß die Inder die wahren Segen der USA durchaus zu schätzen wissen.

ASIEN

Bali Mon Amour

Bali. 2002

Unser Wissen über ferne Länder und Kulturen scheint mit der Globalisierung nicht unbedingt zu wachsen. Weiterhin werden uns Berichte von bekömmlicher und bequemer Phantasie serviert, die sich nicht so sehr von den Landkarten von einst unterscheiden, auf denen weiße Flecken mit Ungeheuern und anderen Fabelwesen gefüllt wurden. In den Tagen nach dem Terrorangriff auf zwei Nachtklubs in Kuta Beach, Bali, war in unseren Medien viel die Rede von der verlorenen Unschuld auf dieser exotischen Insel. Die Bomben trafen »[...] sanftmütige Menschen«, die »jede Art von Gewalt verabscheuen [...] diesmal ist das Paradies selbst Killing Ground«, schrieb etwa »Der Spiegel« (Nr. 43/2002). Solch eingeschränkte Wahrnehmung hat Tradition. Colin McPhee, ein amerikanischer Musiker, schrieb über seine Zeit in den dreißiger Jahren auf Bali: »Am Nachmittag und am Abend wurde Bali unwirklich, verschwenderisch schön und dramatisch wie eine alte Opernkulisse.« Ähnliche Schwärmereien finden sich in Vicky Baums vielgelesenem Roman »Liebe und Tod auf Bali«. Hinter den prächtigen Kulissen von Autoren wie McPhee und Baum, die einer Neuerfindung Balis nach vollbrachter Kolonialisierung dienten, verbarg sich eine gewalttätige und grausame Geschichte. Hundert Jahre früher hatten die Beschreibungen noch ganz anders geklungen: »Die Balinesen sind ein wildes, grimmiges, hinterhältiges und kriegerisches Volk, jeglicher Arbeit abhold, und daher der Landwirtschaft wenig zugeneigt«[1], vermerkte ein holländischer Händler. Natürlich fühlte

---

[1] Dirk van Hogendorp, Bericht van den Tegenwoordigen Toestand der Bataafsche Bezittingen in Oust-Indie en den Handel op Dezelve. Roelofswaert 1800.

sich eine zivilisierte Nation berufen, dieses wilde Bali zu zähmen. 1846 unternahm die Niederländische Ostindien-Kompanie eine erste Strafexpedition gegen den König von Bulèlèng, aufgrund einer provozierten Auseinandersetzung über die Eigentumsrechte an einem vor seiner Küste aufgelaufenen Schiff. Die holländischen Truppen mußten sich nach erbitterter Gegenwehr zurückziehen. In der zweiten Hälfte der 19. Jahrhunderts jedoch wurde die Eroberung Balis in wenn auch kleinen Schritten vollzogen: mit Knebelverträgen und blutigen Überfällen gelang es den Holländern, die kleinen Königreiche auf der Insel nacheinander zu besiegen und zu unterjochen. Keine sieben Jahre nachdem holländische Truppen mehrere Tausend Balinesen massakriert hatten – Männer, Frauen und Kinder, die sich einem *puputan*, einem Kampf bis zum Tode, verschrieben hatten –, begann die langsame Verwandlung Balis in einen verführerischen Sehnsuchtsort. Von dem international mißbilligten Massenmord in Verlegenheit gebracht, war es den holländischen Kolonialbehörden ein Anliegen, die Insel und ihre Kultur im bestmöglichen Licht auferstehen zu lassen. Die holländische Dampfschiffgesellschaft KPM vermarktete die neue Anlaufstation als ein Juwel der Reinheit, Schönheit und Feinheit: »Sie verlassen die Insel mit einem Seufzer des Bedauerns, und solange Sie leben, werden Sie niemals diesen Garten Eden vergessen können.«[2] Ironischerweise hatte dieselbe Firma bis kurz zuvor Schweine nach Singapur exportiert, weswegen die Schiffe auch noch als Kreuzfahrtdampfer im Volksmund lange Zeit »Schweineexpreß« hießen. Nachdem in den zwanziger und dreißiger Jahren des 20. Jahrhunderts eine Vielzahl von Prominenten aus den Metropolen des Westens angelockt wurde – Schauspieler wie Charlie Chaplin, Autoren wie Noël Coward, Künstler wie Walter Spies –, etablierte sich die Insel in wenigen Jahren als elysisches Symbol

---

[2] Zitiert nach Adrian Vickers: Bali. A paradise created, Berkeley 1989. Übersetzung von Ilija Trojanow.

als Unschuld der Tropen. In den fünfziger Jahren produzierte Hollywood eine Reihe von Filmen auf Bali, darunter »Wake of the Red Witch« mit John Wayne, »Bali – The Last Paradise«, »The Road To Bali« mit Bing Crosby und Bob Hope sowie das Musical »South Pacific« von Rodgers/Hammerstein, die die Position der Insel als das Sinnbild von Südseeromantik festigten, ungeachtet der Tatsache, daß sie nicht wirklich in der Südsee liegt. Selbst ein kritischer und nachdenklicher Geist wie Indiens erster Ministerpräsident, Pandit Nehru, verfiel dem inszenierten Charme und pries Bali als die »Morgenröte der Welt«.

Die Verpackung änderte sich auch trotz politischer Umwälzungen nicht. Balis Rolle als Paradies in einem unabhängigen indonesischen Staat paßte bestens in die nationalistische Ideologie der nacheinander regierenden Generäle Sukarno und Suharto. Selbst ein Massenmord konnte die Entwicklung zum Traumreiseziel nur für kurze Zeit aufhalten. Nach einem mißglückten Coup in Djakarta massakrierten 1965 die Anhänger von Suharto auf Bali rund 100 000 – angeblich kommunistische – Gegner. Schon in den siebziger Jahren wurde die Entwicklung zum Massentourismus vollzogen: die unberührten Strände wurden in Vergnügungsmeilen umgewandelt, manch ein pittoreskes Dorf verwandelte sich in ein Lustzentrum für die eskapistischen Bedürfnisse von Australiern, Amerikanern und Westeuropäern. Das Geschäft florierte, über alle Krisen hinweg – zum Zeitpunkt des Bombenanschlags ernährt die Tourismusindustrie drei Viertel der Bevölkerung.

Kein Wunder, daß sich die balinesische Kultur immer mehr dem von Reiseunternehmen kolportierten Bild anpaßte. Händler, Hoteliers und Künstler hatten ein gemeinsames Interesse an einer profitablen, stromlinienförmigen Kultur, die zuverlässig bot, was der Besucher erwartete. »Niemand auf Bali würde ernsthaft dran denken, die vorherrschende Idee der balinesischen Kultur in Frage zu stellen. Sogar jene, die den Tourismus bekämpfen und sich als Verteidiger der Tradition verstehen, unterstützen diese Idee.«³ Der Kecak-Tanz etwa, laut Reiseführern der berühmteste aller balinesischen Tänze, wurde in seiner heutigen Form erst in den dreißiger Jahren des letzten Jahrhunderts entwickelt. Er inszeniert einige zentrale Momente des ursprünglich aus Indien stammenden Epos ›Ramayana‹, mit besonderer Betonung der Figur Hanumans – jener hinduistischen Gottheit, halb Affe, halb Mensch, die dem Prinzen Rama treu beisteht – und seinen Affenkriegern. Der Chor dieser Krieger, die einen dringlichen Rhythmus aus heftig aspirierten Lauten vorgeben, wurde aus seinem ursprünglich rituellen Kontext herausgelöst. Was einst dazu diente, die Anhänger des Affengottes allmählich in Trance zu versetzen, wurde nun auf seine effektive Theatralik reduziert. Der Kecak, an dem sich viele europäische Künstler berauschten (am euphorischsten Antonin Artaud), wird heute täglich für die Touristen in einem einstündigen Programm zwischen Sundowner und Abendessen aufgeführt. Und trotz des Verlusts des spirituellen Umfelds wieder zu seinem traditionellen Höhepunkt geführt, dem buchstäblichen Tanz auf glühenden Kohlen, ein Ausdruck ekstatischer Versenkung, die sich jedoch in diesem Rahmen schwerlich einstellen kann, weder auf seiten der Beteiligten noch auf seiten der Zuschauer. Die Banalisierung wird in dem Softpornofilm »Emanuelle II« auf die Spitze getrieben: der Rhythmus des Kecak-Chors begleitet als Grunzsound die sexuellen Phantasien. Selbst wenn die Kultur Balis als gelebte und weiterentwickelte Realität völlig untergehen sollte, so hätte sie ihre Schuldigkeit schon getan, denn die Todesmaske ist abgenommen und konserviert. 1971, bevor der Massentourismus einsetzte, kam ein Gutachter der Weltbank zu dem Schluß, daß die originären kulturellen Äußerungen Balis bald verschwinden würden. Doch schien ihm das kein Anlaß zur Sorge; vielmehr versicherte er, daß Bali seine romantische Projektion und sein Image als üppiger, tropischer

---

³ Adrian Vickers, Bali. A paradise created. Berkeley 1989.

Garten durchaus aufrechterhalten könnte, denn der Verlust von Kultur sei für die Tourismusindustrie nicht relevant – ganz im Gegensatz zu den jüngsten Anschlägen, die das Warenzeichen »Bali« beschädigt haben. Eine massive Reiserücktrittswelle ist die Folge, die für eine gewisse Zeit die gesamte touristische Infrastruktur in Frage stellen könnte.

Die wahre Geschichte des Garten Eden verlief menschlich, allzu menschlich. Nach der »Entdeckung« Balis Ende des 16. Jahrhunderts »entwickelte« sich die Insel im darauffolgenden Jahrhundert zu einem großen Exporteur von Sklaven, die nicht nur zu den Anrainerhäfen des Indischen Ozeans sondern bis nach Südafrika und in die Karibik verschifft wurden. Das Geschäft lief hervorragend für die holländischen Sklavenhändler, bis die ersten Beschwerden das indonesische Archipel erreichten: Balinesische Sklaven seien scheinbar ohne jeglichen Grund *amuk* gelaufen. In einem Fall hätten sie sogar ein Schiff gekapert und die Mannschaft ausgesetzt (was für eine Humanität: anstatt die Sklavenhändler ins Meer zu werfen, wurden sie ans Land gebracht!). Die Niederländische Ostindien-Kompanie erhielt so viele Beschwerden, daß sie 1688 den Import von balinesischen Sklaven untersagte, in einer Verordnung, die sprachlich an heutige EU-Richtlinien betreffs des Imports von britischem Rindfleisch erinnert. Der Sklavenhandel wurde dadurch nicht unterbunden; noch zweihundert Jahre später wurden Balinesen verschleppt, oft auf die Plantagen von Mauritius.

Der Begriff *amuk* bezog sich übrigens ursprünglich auf eine ritualisierte Form der Konfrontation zwischen Klans, bei der die zwei jeweils besten Krieger sich in weißer Kriegsbemalung einen Zweikampf lieferten. Denn die balinesische Gesellschaft war alles andere als friedlich oder idyllisch. Eine Vielzahl von unabhängigen Prinzen suchte Selbstbestätigung und Bereicherung in begrenzten, aber blutigen Zusammenstößen. Krieg war ein zentrales Moment balinesischer Gesellschaft, ein legitimes Mittel, sich Vermögen und Frauen, Land und Untergebene zu verschaffen. Die balinesische Hofliteratur strotzt von Heldenlegenden, die in hyperbolischer Epik beschreiben, wie die Leichen der Feinde sich zu Bergen aufhäufen und das Blut wie eine Flut durch das Land fließt. Es gab zu viele Herren und zu viele Kriege.

Doch für die Verklärer Balis, frühe Ethnologen wie Frederick Albert Liefrinck, äußerte sich die wahre Natur der einheimischen Gesellschaft vielmehr in den demokratischen Dorfstrukturen, die in einigen verstreuten Ansiedlungen an den Hängen der Vulkankette von Gunung Batukau bis Gunung Agung vorzufinden waren.

So erschuf sich jeder Besucher das Bali-Bild, nach dem er sich sehnte und das ihm diente, eine Phantasie, die sich schon auf dem Schiff äußerte, wenn das Fernrohr mit Nelkenöl eingerieben wurde, damit der erste Blick auf das fremde Land von Wohlgeruch begleitet wurde. Die einseitigen Darstellungen bedienten sich ebenso der Landschaft (entweder explosiv oder idyllisch) wie der Religion (entweder zart oder grausam). Bali ist ein besonders prägnantes Beispiel für das einseitige Vereinnahmen kolonialisierter Welten durch den Westen, ein Topos, der schon in Shakespeares »Der Sturm« Ausdruck findet: Die Luft weht uns sehr duftig an/Als hätte sie Maulfäule, richtig./Die Insel bietet hier dem Leben alle Mittel/Sehr wahr, nur keine Lebensmittel./Wie das Gras satt und saftig ist! Wie grün!/Der Boden ist in Wahrheit braun verbrannt.[4]

---

[4] William Shakepeare, Der Sturm. Übersetzung Frank Günther. Cadolzburg 2001.

Der Golfplatz in der Wüste

Bahrain. März 2006

Noch ehe der Sänger die Bühne betritt, singt ein Teil des Publikums im Chor eines seiner bekanntesten Lieder. Der Andrang ist groß, die Sitzplätze bald besetzt, die später eintreffenden Zuschauer müssen an den Aufgängen stehenbleiben, auf den Treppen sitzen. Das Publikum ist so unterschiedlich gekleidet, wie man es sich nur vorstellen kann. Manche der Frauen sind im schwarzen *abaha* erschienen, andere schmücken sich mit der neuesten, luftigen Mode aus Beirut. Traditionelle *jellabahs* sitzen aufrecht neben T-Shirts und Anzügen. Allen ist eine gesteigerte Erregung gemein, die explodiert, als der Sänger seine Oud in die Hand nimmt und seinen unaufgeregten Gesang beginnt. Später, der Applaus ist verklungen und der Saal spürbar beglückt, sagt der neben mir sitzende junge Mann unvermittelt: »Und wir müssen heute zittern, ob sie Musik verbieten oder nicht.« Er muß nicht erklären, wen er meint – die Islamisten, die Wahhabi, die Salafisten oder wie immer sie heißen mögen, jene angeblich frommen Kräfte, die eines der schönsten Geschenke Gottes abschaffen möchten, den Klang. Auch auf der kleinen, aber seit Urzeiten besiedelten Insel Bahrain.

Eine Insel ist eine Insel ist keine Insel. Wie in Sansibar geht die Sonne vor der östlichen Küste auf und versinkt im Meer an den westlichen Gestaden. Lediglich vierzig Kilometer liegen zwischen dem Schauspiel des Beginns und dem Theater um das Ende an einem ozeanischen Horizont. Dazwischen sechstausend Jahre Geschichte: Stätte des Handelns, der Beerdigung, des Perlentauchens, der Ölbohrung, der Poesie, der Vernichtung.

Die Hochburg der Musikvandalen befindet sich gerade einmal fünfundzwanzig Kilometer entfernt auf dem Festland. Früher war das Meer die Brücke, die Bahrain mit der Welt vernetzte, heute ist das benachbarte Saudi-Arabien über eine schwebende Betonbrücke zu erreichen. Trotz dreier Spuren staut sich am Wochenende der Verkehr, denn die Männer Saudi-Arabiens pilgern nach Bahrain, um sich hemmungslos all dem hinzugeben, was daheim verboten ist: Kino, Alkohol, Musik, Sex. Sie halten am ersten *bottle store*, der dem Premierminister Bahrains gehört, und saugen die ersten Bierflaschen aus wie durstige Kamele. Dann fahren sie auf der Insel herum und trinken, suchen Kneipen auf und trinken, und manche beschließen den Abend in Diskos wie dem Garfield's, wo man ältere Scheichs in traditioneller Kleidung sehen kann, auf ihren Schenkeln kaum volljährige Thaimädchen. Am Freitagabend fahren sie nach Saudi-Arabien zurück, in Orte wie Dharan, Abqaiq oder Al Jubayl, wo ein beachtlicher Teil jenes Erdöls gefördert, raffiniert und verschifft wird, den der Westen benötigt, und versammeln sich zu den obligaten Gebeten, und wer weiß, wie sie mit der Heuchelei in ihrem Leben umgehen. Vielleicht mit noch größerer Strenge.

Wir fahren mit dem Geländewagen in die Wüste, eine unversöhnlich leere Fläche, und erblicken eine Mirage. Qassim Haddad, mein Gastgeber, erklärt mir, es handele sich um eine Pferderennbahn, aber als wir später nachfragen, erfahren wir, daß wir an der Formel-1-Strecke vorbeigefahren seien. Von weitem schaut in der Wüste alles gleich aus. Eigentlich spielt es keine Rolle, um was für eine Rennstrecke es sich handelt. Die Tribünen wirken wie großkotzige Behauptungen – die westliche Moderne wird als Stückwerk über die Öde gestreut, als könnte man die Wüste mit ihr düngen. Wir fahren weiter über eine grimmig graue Fläche und erreichen einen Golfplatz. Leicht ondulierte Spielbahnen in einem Wiesengrün. Wenn ich Schriftsteller in Bahrain wäre, schriebe ich einen Zeitreiseroman, in dem ein Beduine aus dem Jahre 1900 ins Jahr 2000 fällt und auf einem seiner Ausritte auf diesen Golfplatz stößt, der ihm natürlich als eine unfaßbare Oase erscheint, an deren Existenz er zuerst nicht glauben kann. Doch als er am nächsten Tag den Golfplatz wiedervorfindet, beschließt er, sich in dieser zauberhaften Oase anzusiedeln. Er muß sich bald doch sehr wundern über all diese Männer mit den gekrümmten Stöcken, die seinen Weg kreuzen und die – wenig gastfreundlich – ihn zu vertreiben suchen, als sei in dieser Oase nicht Platz genug für alle, und die ihn anschreien, weil er sein Kamel aus dem See trinken läßt, denn dies sei ein Frevel, toben sie, denn das Wasser sei vorgesehen für die Bewässerung des Grüns. Er muß sich ihrer Angriffe erwehren, und die Schüsse, die fallen, strecken einen Diplomaten und ein Mitglied der königlichen Familie nieder. Die Polizei und die Armee umzingeln den Golfplatz, in dem, so heißt es, ein terroristischer Anschlag verübt worden sei.

yanni (arab.): Ich meine; also; sozusagen; oder (so wie es die Schweizer verwenden); das heißt ... und noch viele andere Bedeutungen. Qassim benutzt das Wort so meisterhaft wie ein Virtuose seine einsaitige Leier. Ich habe das Gefühl, ich könnte ihn verstehen, wenn ich nur alle Facetten von *yanni* begriffe.

Bahrain bedeutet »zwei Meere«, weil die Insel einst nicht nur vom Meer umgeben, sondern von Süßwasser unterschwemmt war, das von den Bergen im Osten Saudi-Arabiens hinabfloß und entlang des Meeresbetts Bahrain erreichte. In diesem Zusammenfluß von salzig und süß reiften die schönsten Perlen der Welt, die ein unverwechselbarer Glanz auszeichnete. Als erster tauchte Gilgamesch hinab, zwar auf der Suche nach der Pflanze des Lebens, aber bald machten es ihm die jungen Männer der Insel nach, um Perlen zu schürfen. Das süße Wasser ist versiegt, die Perlentaucherei wegen Umweltverschmutzung und Konkurrenz durch künstlich gezüchtete Perlen ausgestorben. Ökologische Verwüstung und Überkonsum haben den Wasservorrat aufgebraucht, so daß Bahrain heute mehr als 75 Prozent seines Wassers von außerhalb erhält und ansonsten abhängig ist von einigen Entsalzungsanlagen, die gemäß des Prinzips der umgekehrten Osmose brackiges Grundwasser behandeln. Die Mitarbeiter der Ras-Abu-Jarjur-Anlage zeigen sich verblüfft über den Besuch von Qassim und mir. Noch nie habe sich ein Autor für sie interessiert. Wie denn auch? Wasser ist auf einer Wüsteninsel wahrlich kein Thema für Intellektuelle.

Einige Tage lang begehe ich die Stadt Manama. Zu Fuß in einer automotorisierten Umwelt artet mein Umschauen in die verzweifelte Suche nach etwas Altehrwürdigem aus, etwas, das von der Zeit angenagt oder gar zerfressen ist, nach einem Gebäude, einem Platz, der seine Existenz lieber mit der Vergangenheit teilt, als sich selbstsüchtig neu zu erfinden. Ich suche nach irgendeinem Überbleibsel und finde mich, Ecke um Ecke, in einer gesichtslosen Moderne wieder. Die Gebäude sind Kastenbauten aus Beton, nach dem Containerprinzip konstruiert, durchweht von dem fahlen Hauch der Klimaanlagen, denn die Einheimischen ertragen ihre eigene natürliche Luft nicht mehr. Das Alte ist fast vollständig zerstört, abgesehen von einigen musealen Häusern. Selbst die Reichen – und die Angehörigen des Königshauses sind so reich, sie können Milliardenprojekte aus der Privatschatulle zahlen – haben ihre schönen traditionellen Paläste niederreißen lassen, um sie durch geschmacklose moderne Konstruktionen zu ersetzen. Was soll man fühlen in einer Stadt, deren schönster, spannendster Ort das Museum ist? So selten traditionelle Bauten sind, so aufwendig werden sie renoviert. Sie werden in Prestigeobjekte verwandelt, wie etwa das jüngst eröffnete »Haus der Poesie«. Die wohlhabenden Staaten am Persischen Golf haben einen rabiaten Sprung in eine gesichtslose und entwurzelte Moderne vollzogen. »Wir haben uns selbst verloren«, sagt ein junger Ingenieur nach dem zweiten Bier. »Unsere Vorväter waren Beduinen, wir sind nichts.« Das Land wirkt, als habe es eine Transplantation erfahren, bei der das Organ und der Körper nicht kompatibel sind. Was bleibt, ist die Kleidung, Ausdruck einer vermeintlichen Achtung vor der Tradition, und natürlich die Sprache, das Arabische, heißer und vor allem bewußter geliebt als bei uns das Deutsche. Der Islam der totalitären Puristen hingegen ist ebenso uniform und künstlich wie die funkelnagelneuen Bauten, enthistorisiert, weil seines sufistischen Ausdrucks entledigt. Der Sufismus war die Ebene, auf welcher der Islam seine jeweilige regionale kulturelle Ausformung erhielt. Und die Ausprägungen des Sufimus – sei es die Musik, die Philosophie, der Tanz, die Kalligraphie oder die Dichtung – darben, wenn sie nicht gänzlich ausgelöscht sind. Religion minus Region ist nur mehr eine sinnlose Silbe.

naam (arab.): O.K., in Ordnung, alles klar. Zusicherung, doch vorbehaltlich der Einmischung des Unvorhersehbaren. Vernünftig zurückhaltendes Versprechen, das jedoch sehr zuversichtlich klingt.

Viele der modernen Bauten stehen auf Land, das dem Meer entrissen wurde, so auch der gesamte Nordstreifen Manamas, der folgerichtig *seef* heißt – Strand. Die Lagunen wurden aufgeschüttet – unter den *Shopping Malls* liegt das Korallenriff. Bauinvestoren lieben die Lagune, denn die flache Bucht ist billig zu erobern. »Diese Projekte kommen nur einigen wenigen zugute, doch diese bedienen sich eines Reichtums, der allen gehört, und wir alle werden die Rechnung zahlen müssen«, sagt mir ein Umweltschützer. Die Zukunft wird künstlich aufgeschüttet, und sie wird dominiert von dem, was in der globalen Konsumwelt Image und Namen hat. Das Flanieren durch die opulenten Hallen ist die mit Abstand beliebteste Freizeitbeschäftigung der Bahrainer. Jede einzelne Ware ist importiert, und die Filme in dem Multiplexkino sind allesamt, bis auf eine arabische Ausnahme, Produktionen aus Hollywood. Die verschleierten Frauen sehen sich die sex- und gewaltfreien Streifen mit ihren Männern an, denen der Gebetskranz während der ganzen Vorführung durch die Finger rinnt, ein Reflex nur mehr, eine therapeutische Maßnahme zur eigenen Beruhigung. Danach befriedigen sie ihren Appetit bei Pizza Hut oder McDonalds oder Dunkin' Donuts, bedient von Filipinos oder Indern, die für Hungerlöhne schuften. Die wirtschaftliche Abhängigkeit von völlig rechtlosen Gastarbeitern ist ein weiteres Indiz für die Krise. In allen Ländern der Region erledigen Ausländer alle niederen und einige der anspruchsvolleren Arbeiten – in Dubai machen die Einheimischen nur mehr fünfzehn Prozent der Bevölkerung aus. Der einstige Austausch mit Indien etwa, der auf einer befruchtenden Gegenseitigkeit von beachtlicher kultureller Dynamik basierte, ist ersetzt worden durch kanalisierte Menschenströme.

Gespräch mit einem Redakteur der größten Tageszeitung, »Al-Ayam«, gegründet vor fünfzehn Jahren, gegenwärtige Auflage 40 000, untergebracht in einem Gebäude, das einst zur Basis der britischen Armee gehörte, die bis 1970 einen Stützpunkt in Bahrain unterhielt: »In den letzten vier Jahren hat sich die staatliche Kontrolle über die Medien sehr gelockert. Momentan wird eine Gesetzesvorlage diskutiert, die jegliche Zensur abschaffen soll. Es gibt keine politischen Gefangenen mehr. Zwar existiert die Zensurbehörde noch, aber sie beschäftigt sich zunehmend mit Copyrightfragen, denn obwohl Bahrain einige internationale Verträge unterschrieben hat, werden die Rechte der Autoren, wie überall in der arabischen Welt, kaum beachtet. Tabus in der Berichterstattung? Keine grundsätzliche Kritik des Islam, des Propheten, selbst seiner Nachfahren und aller Hazrats (Heiligen). Ein Beispiel: Wir können den Prozeß in Afghanistan gegen einen christlichen Konvertiten nicht kommentieren. Auch ist es nicht erlaubt, die Ulema anzugreifen. Die Regierung darf kritisiert werden, nicht aber der König.«

Khatami spricht, und die Elite Bahrains findet sich ein. Es gelte, sagt der ehemalige Präsident Irans, so charmant wie gerissen, die gegenwärtige globale Ungerechtigkeit zu überwinden. Und wie? Indem die westliche Dominanz beendet werde. Denn die westliche Zivilisation gebe den anderen Ländern keine Chance, voranzukommen. Unsere Kulturen, sagt der Mann freundlich, haben nichts mit der dominanten Zivilisation gemeinsam. Das größte Problem der islamischen Länder sei der Imperialismus. Dieser denke nur an den Profit. Doch all die anderen Länder müßten dafür bezahlen, daß der Westen die Welt kontrolliere. Die Zeit sei reif für eine intellektuelle Erneuerung des Islam, hin zu einer islamischen Demokratie, einem System, in dem die Menschenrechte garantiert seien. Khatami verrührt einen uralten Opfermythos mit vager Kapitalismuskritik und religiöser Romantik. Erst am Ende seiner Rede steht Klarheit: Die Lehren des Propheten seien das einzig Wahre, das je geäußert wurde.

maafi mushkil (arab.): Kein Problem. Gilt immer, außer wenn es nicht gilt. Zwischen beiden Alternativen ein Treibsand der Ungewißheit.

Die Menschen teilen nichts mit der Zeit, sie gestehen der Vergangenheit keine Meinung zu. Die Bulldozer und Lastwagen der Baufirmen brausen durch Grabstätten einer viertausend Jahre alten Zivilisation, Jungs fahren mit ihren Mountainbikes über die Ruinen von Saar. In einem Land, in dem jeder Einwohner ein eigenes Fahrzeug besitzt, gibt es für die etwa hundertsiebzigtausend Grabhügel aus der Dilmun-Epoche, eine der größten Nekropolen der Welt, keinen Platz mehr. Die Frau des deutschen Botschafters nimmt mich zu einigen Ausgrabungsstätten mit. Die Ruinen sind sträflich vernachlässigt. Nur an einer Stelle sind die unschätzbar wertvollen Stätten durch Stacheldraht geschützt, den die umtriebige Kulturpolitikerin Sheikha Mai hat aufstellen lassen. Die Menschen hätten kein Interesse an der präislamischen Kultur, sagt meine Führerin. Als ein führender saudi-arabischer Archäologe einen Vortrag in den Ruinen selbst anbot, eine praktische Demonstration, daß die Sonnenstrahlen zu einer bestimmten Uhrzeit am 21. Juni durch eine Öffnung im Tempeldach fallen, seien gerade einmal acht Zuhörer erschienen, darunter auch Ausländer. Die Sonne geht unter, der Verkehr auf der nahen Stadtautobahn fließt lichterloh, und wir bahnen uns einen Weg durch ein Feld von unberührten Gräbern, die wahrscheinlich älter sind als alles, was ich in meinem Leben bisher gesehen habe. Und die noch darauf harren, ausgegraben zu werden.

Nach einem Interview mit mehreren Journalisten in der fürstlichen deutschen Botschaft gehe ich mit zwei indischen Fotografen in den Garten hinaus, des Lichtes wegen. Während wir rauchen, frage ich sie, wie es ihnen geht, da verschaffen sie ihrem unterdrückten Zorn sofort Luft. Menschen zweiter Klasse seien sie, den Bahrainern völlig ausgeliefert. Der Arbeitgeber behalte den Paß ein, so daß man sich nicht frei bewegen könne. Wenn man sein Gehalt nicht bekäme, und das geschehe oft, dauere es Jahre, bis das Gerichtsverfahren eröffnet werde. Sogenannte *manpower agencies* – eigentlich Menschenhändler, unterschlagen den Lohn, den sie weiterreichen müßten – schließen und werden unter anderem Namen neu gegründet. Und wenn ein Bauunternehmer seine Arbeiter im Stich läßt, nachdem er ihnen monatelang den Lohn nicht ausbezahlt hat, sind sie in ihrem Arbeitscamp, wo sie wie Tiere zusammengepfercht leben, schutzlos ausgesetzt, haben nichts zu essen, bis die eigene Botschaft sie auf Selbstkosten nach Hause fliegt. Neulich sei im Süden der Insel ein Kollege von ihnen grundlos von einer Clique Jugendlicher angegriffen und schwer verletzt worden. Die Polizei weigere sich, den Fall zu untersuchen. Es seien in letzter Zeit einige Menschenrechtsorganisationen gegründet worden, die sich der Mißhandlung von ausländischen Arbeitern annähmen. Es ist schlimm, sagten die beiden Männer grimmig. Und trotzdem kommen so viele Inder an den Persischen Golf? Die hier haben das Geld, sagt der jüngere der beiden, also müssen wir uns mißhandeln lassen.

mumkin (arab.): möglich. Wichtig, da alles möglich ist, für einen Gast zumindest, außer mit einem Fischerboot aufs Meer hinauszusegeln.

Es ist viel die Rede heutzutage von der Krise des Islam. Doch wenn ein Aufenthalt in Bahrain im Frühjahr des Jahres 2006 etwas aufzeigt, dann ist es vielmehr die Krise Arabiens, oder genauer gesagt: die existentielle Krise der arabischen Halbinsel. Der Islam ist eher ein Opfer dieser Krise, kahlgeschoren muß er büßen für eine generelle Orientierungslosigkeit. Die Spannungen, die diese Gesellschaften fast zerreißen, verdanken sich eher einer überhasteten Modernisierung als einem sturen Beharren auf Tradition. Anders gesagt: das Problem ist nicht, daß Arabien sich nicht modernisiert hat, sondern daß es sich zu schnell modernisiert hat. Keine andere Gegend der Welt ist derart abhängig – ja fast hörig – von moderner Technologie und pervertiert unter der entfesselten Gier der Globalisierungsprofiteure. Zu den Verlierern dieser Krise gehören jene intellektuellen Stimmen, die der Westen als natürliche Verbündete ansehen sollte. Sie sind durch die politischen Reformen der letzten Zeit einerseits entfesselt worden, andererseits sind sie stumm gekauft worden. Die Dichter und Denker versinken in die innere Emigration des Komforts. Sie verachten die Korrumpiertheit und die Machtgier der Königshäuser, fürchten sich aber vor den Islamisten. Der Bewegungsfreiraum für jene, die Marcel Khalifes kluge und emphatische Lieder schätzen, ist begrenzt. Das offenbarte sich schmerzhaft ziemlich genau ein Jahr nach meinem Besuch. Qassim Haddad hatte mit Marcel Khalife die alte arabische Volkslegende ›Leila und Madschnun‹, von Nizami zu einem wunderschönen persischen Liebesepos umgedichtet, im Rahmen des Frühlingsfestivals aufgeführt, worauf die Islamisten im Parlament Sturm liefen. Die Aufführung wurde von den fundamentalistischen Mitgliedern des Parlaments als Verstoß gegen die islamische Moral und das Schariagesetz begriffen, weil sie Szenen enthielt, die sexuelle Instinkte anregen und Ausschweifungen unterstützen. Ob die unglückliche Liebesgeschichte eines Pärchens, das an dem Widerstand der Altvordern gegen ihre Vereinigung zugrunde geht, in dieser Form noch einmal in Bahrain aufgeführt werden kann, ist sehr fraglich.

Der Zorn der Straße?

Pakistan. Juni 2007

So spielen sich viele Demonstrationen in Pakistan ab: Einige hundert jüngere Männer, Bildnisse des neuesten Sünders in der Hand, stehen herum, unterhalten sich, nehmen fotokopierte Zettel mit aufhetzenden Tiraden entgegen, rufen von Zeit zu Zeit eine Parole aus und warten offensichtlich auf einen Startschuß. Zwischen ihnen bewegen sich zielstrebig einige pompöse Organisatoren, das Handy am Ohr. Dann tauchen die Fernsehkameras auf, und die Männer verwandeln sich in wütende Furien, dirigiert von den Rädelsführern mit den Handys, sie verzerren ihre Gesichter, sie schreien sich die Seele aus dem Leib, sie setzen die Bildnisse in Brand, bevor sie auf ihnen herumtrampeln. Kaum sind die Kameras verschwunden, beruhigt sich der Volkszorn wieder, und die Männer gehen bald darauf auseinander, um irgendwo einen Tee zu trinken, in Erwartung des nächsten Kampfaufrufes. Sie zählen die Münzen, die man ihnen zugesteckt hat – ihr einziger Tagesverdienst. Der öffentliche Zorn ist so groß wie der Fernsehbildschirm.

Der Sünder des Augenblicks ist einmal mehr Salman Rushdie, und die Empörung im Westen über die Todesdrohungen gegen ihn schlägt erneut hohe Wellen. Wieso, wundern sich viele Kommentatoren hierzulande, sind die Wunden über seine als Blasphemie empfundenen »Satanischen Verse« in den knapp zwanzig Jahren seit ihrer Veröffentlichung nicht geheilt. Zwar wird dabei die ganze islamische Welt über einen Kamm geschoren, doch die öffentlichen Proteste finden vor allem in Iran und Pakistan statt, zwei Länder, die sich in einer dramatischen innenpolitischen Krise befinden. Und in solchen Krisen ist die *Causa*

Rushdie ein exzellentes Spektakel, ja, eines der sichersten Instrumente öffentlicher Agitation. Die Ereignisse der letzten Tage können nicht ohne Berücksichtigung des jeweiligen lokalen Kontextes verstanden werden. In Pakistan gilt Präsident Musharraf vielen als Marionette Washingtons, als ein Verräter an den Mudschaheddin, und er muß einen Kampf gegen die säkularen Kräfte im Land ausfechten, weil er eigenmächtig den Obersten Verfassungsrichter Iftikar Chaudhuri seines Amtes enthoben hat. Zudem wird Pakistan von regionalen Sezessionsbestrebungen gebeutelt in Belutschistan und Sindh sowie von parteipolitischen Konfrontationen mit den islamistischen Regierungen in einigen der Provinzen. In diesem Zusammenhang bietet Rushdie eine einfache Möglichkeit, ein Passionsspiel zu inszenieren, bei dem sich Splitterparteien profilieren können und die Regierung ablenken kann. Jeder kennt das Skript, die Symbolik ist allen vertraut, es muß nur noch die Logistik des Protests zur Verfügung gestellt werden, die Lastwagen, die Megaphone, die Fahnen und Plakate. Selbst die Bühnen sind allen bekannt, die Plätze vor bestimmten Moscheen, die öffentlichen Parks. Schließlich bedarf es nur noch eines Anrufes bei den Fernsehsendern – und man hat sich mit einfachen Mitteln die Aufmerksamkeit der Weltöffentlichkeit gesichert. Das laute Entsetzen im Westen steigert das eigene lokale Ansehen. Die Organisatoren solcher Proteste verstehen sich auf die Macht des Fernsehens.

Solcher Aufruhr ist in Pakistan an der Tagesordnung. Doch im Gegensatz zu den theatralischen Selbstdarstellungen der Anti-Rushdie-Demonstration verlaufen andere, von den Medien weniger beachtete Unruhen erheblich blutiger, wie etwa Proteste in Karatschi gegen die unzuverlässige Stromversorgung. Was für das westliche Auge außergewöhnlich erscheint, ist ein alltäglicher Teil des politischen Dramas, bei dem die Agitatoren zynisch manipulativ ihre jeweiligen Programme massenwirksam inszenieren. Die Anatomie des Aufruhrs ist stets die gleiche, unabhängig von den verfolgten Interessen oder den religiösen Positionen.

Fast gleichzeitig mit den pakistanischen Protesten gegen den Ritterschlag für Salman Rushdie gab es in der westindischen Universitätsstadt Baroda einen ähnlich gelagerten Fall: Ein junger Student hatte im Rahmen der jährlichen Sammelausstellung seiner Kunstakademie einige Bilder ausgestellt, darunter die Figur eines hinduistischen Gottes mit vielen verschiedenen Köpfen, umgarnt von rosaroten Penissen, sowie ein Kreuz, von dem ein Phallus hinabhängt. Am Eröffnungsabend stürmten Aktivisten der Vishwa Hindu Parishad (VHP), dem Hinduweltverband, einer faschistoiden Hindubewegung, das Fernsehen und die Polizei im Schlepptau, den Campus. Ihr Anführer rannte mit erhobenem Zeigefinger von Kamera zu Kamera und schrie seine Anschuldigungen heraus. Er wiederholte, wie auswendig gelernt, dies sei ein perfider Angriff gegen die religiösen Gefühle, den man nicht tolerieren werde. Es entbehrt nicht der Ironie, daß die VHP, die alle anderen Religionen am liebsten aus Indien verbannen würde und vor knapp zehn Jahren Kirchen in demselben Bundesstaat (Gujarat) niedergebrannt hatte, sich in diesem Fall auch zum Anwalt christlicher Feinfühligkeit erhob. Die Aktivisten verprügelten den Studenten, die Polizei verhaftete ihn gesetzeswidrig, und er verbrachte eine Woche im Gefängnis, bevor eine massive öffentliche Kampagne von Intellektuellen, Rechtsanwälten und Künstlern ihn freibekam.

Auch in diesem Fall war die ganze Aktion offensichtlich für die Fernsehkameras vorbereitet, und ein unbekannter örtlicher Unruhestifter gelangte zu nationaler Berühmtheit. Wie so oft war der Anführer der Choreograph der Gewalt und die Mitläufer das Corps des Zorns. Es fällt auf, daß die Fanatiker, ob in Pakistan oder Indien, sich Künstler als Prügelknaben aussuchen, denn so können sie ohne Risiko und ohne inhaltliche Verpflichtung billigen politischen Profit schlagen. Die eigenen Anhänger werden um eine erfolgreich durchgefochtene Tat geschart, die Aktien der öffentlichen Bekanntheit steigen. In diesen Ländern besteht der politische Aktivismus zu großen Teilen aus solchen circensischen Aufführungen, bei denen Probleme geschaffen und zugleich heldenhaft gelöst werden, die mit den wahren, stillen Krisen der Gesellschaft nichts gemein haben. Das Schöne daran ist, daß man gegen solche Proteste mit Vernunft nichts ausrichten kann. Eher kann man Offenbarung rational in Frage stellen als Propaganda. Und diese Propaganda gibt den vielen ungebildeten und arbeitslosen jungen Männern ein erhebendes, in manchen Momenten geradezu ekstatisches Gefühl, indem sie ihnen vorgaukelt, ihr größtes Anliegen sei dank ihrer stolzen Hilfe verteidigt worden. Jene, die sich als Opfer der Geschichte sehen, werden für eine kurze Zeit zu Verteidigern ihrer Würde. Und dafür kommt die Absicht der britischen Königin, Salman Rushdie zum Ritter zu schlagen, gerade recht.

(Mitarbeit von Ranjit Hoskoté)

Augenblicke des Glücks

Sri Lanka. November 2002

Das Land war grün, die Felder klein und schmal, durchsetzt mit Felsbuckeln. Die Königsstadt ausufernd, so als seien alle Wasserbecken der Macht übergelaufen. Kurz nach Ankunft begann es zu regnen, schüchtern zuerst, dann vehement. Gegen Abend stürmte es. Der Wind blies durch die Veranda, der Regen wehte hinein. Ein Ventilator torkelte an der Holzdecke. Eine filigrane Lampe warf Girlanden an die Wand. Alles zitterte wie auf hoher See. Und der alte Kellner, der *boy* gerufen wurde und Carl hieß, rettete sich in die Routine: er servierte Tee um Tee. Jedesmal, wenn er an meinem Tisch stehenblieb, sagte er einige Worte mehr, gab ausführlichere Antwort auf meine Fragen, und als er mir das erste Bier brachte, schaute er sich um, versicherte sich, daß die Veranda von allen anderen Gästen verlassen war, und erzählte mir von einer Frau, deren Mutter aus Ceylon stammte und die in London eine berühmte Schauspielerin geworden war, ohne daß jemand bemerkt habe, daß sie keine wirkliche Engländerin gewesen sei – der alte Mann betonte das Wort »Bastard« wie eine Auszeichnung –, denn sie habe ein Leben lang Hautcremes aufgetragen, Bleichmittel, sie sei zunehmend weißer geworden, und als ihre Mutter Jahre später zu ihr nach Hollywood zog, habe sie sich als Dienstmagd ausgeben müssen, die eigene Mutter, ich möge mir das vorstellen, sagte der alte Mann empört, und schließlich sei sie an Hautkrebs erkrankt, diese Frau, die nicht von hier sein wollte. Ich habe für jemanden aus ihrer Familie gearbeitet, sagte der Mann, als müsse er sich für seine Geschichte entschuldigen. Als der Sturm Atem holte, meldeten sich die Grillen dringlich zu Wort, auf Überschlag gestellte

Metronome. Spät am Abend fiel ein Baum um, der mindestens hundert Jahre alt war. Am nächsten Morgen lag er neben dem Haus wie ein gestrandeter Wal.

Sri Lanka vor einigen Jahren. Am Morgen nach dem Sturm saß ich in der ehemaligen Königsstadt im Schatten einer jener gewaltigen Kuppeln, die aus der Ferne wie Vulkane kurz vor dem Ausbruch aussehen, und las Ondaatjes »Anils Geist«, einen Roman über Knochen und Steine und über die Archäologie des Wahnsinns. Die Königsstadt wirkte wie ausgestorben, und manche Sätze hielten mich auf, so als müsse ich sie eigenhändig in den Ziegelstein ritzen: »Bei jeder alten Säule, der er im Freien begegnete, blieb er stehen und umarmte sie, als wäre es ein Mensch, den er einst gekannt hatte.« Am Ende der Lektüre war ich verwirrt. Obwohl sich die Palmen im Wind wiegten, hatte sich ein bleierner Nebel auf den Tag gelegt. Es war, als hörte ich einen Ton, den ich zuvor nicht hatte wahrnehmen können, einen Ton der Trauer, der in dem Buch und in dem Land war, und nun auch in mir.

Die Essays von Amitav Ghosh, einem vornehmen, höflichen Mann von fünfzig Jahren mit weißer Haarpracht und einem entwaffnenden Lächeln, sind voller solcher Töne, die einen nachdenklich, glücklich oder verzweifelt stimmen und die immer wieder eigene Erinnerungen beschwören. Vielleicht, weil sie so luzide sind, daß man sich ihnen anvertraut, um die eigenen blinden Flecken auszuleuchten. Sein vor Gedankenfreude funkelnder Text »The Greatest Sorrow« hat mich nicht nur mit meinen verstörenden Erlebnissen in Sri Lanka versöhnt, sondern auch eine Seite in dem Werk von Ondaatje aufgeschlagen, die ich bei meiner Lektüre übersehen hatte. Dabei handelt dieser Text eigentlich nicht von Sri Lanka oder Ondaatje ...

Amitav Ghosh besitzt eine rastlose Neugier. Ich weiß nicht, wie es dazu kam, aber er durchwanderte die Zerstörungen des Tsunami nur Tage, nachdem dieser die Inseln Andaman und Nicobar getroffen hatte. Er hat Kambodscha nicht nur besucht, er hat es bewohnt. Und sein Text über Burma ist so kenntnisreich einleuchtend, daß man kleinen Staaten mit großartiger Vergangenheit, grimmiger Gegenwart und ungewisser Zukunft nichts Besseres wünschen kann, als daß sie von diesem Autor aufgesucht werden. Denn die Essays von Amitav Ghosh sind Landkarten, die nicht mit Kompaß und Nivellierwaage, sondern mit Augenmerk und Anteilnahme gezeichnet sind, Karten, auf denen verborgene oder vergessene Verknüpfungen und Verbindungen sichtbar werden: die Topographie unter der Oberfläche, die Familiengeschichte des Massenmörders, die innere Zerfleischung des Karrieristen. Und stets sind es auch Sprachkarten, behutsam schattiert und schraffiert, so als trage der Autor die alleinige Verantwortung für die Orientierung seiner Leser. Nicht in einem rein politischen Sinne, sondern eingedenk einer Auffassung, die zum ersten Mal in den alten Sanskrittexten auftaucht, daß nämlich alles zuerst in Sprache entsteht, bevor es wirklich wird, und somit jene, die mit Sprache hantieren und markieren, wahrlich etwas verschulden. In diesem Sinne ist Ghosh ein großer Meister des W:ortes (José F. A. Oliver).

So vielfältig die in diesem Band versammelten Themen sein mögen, die Texte zeichnen sich durch eine gemeinsame Eigenart aus, die zugleich ihre Qualität wie auch ihre Form bestimmt. Bei kaum einem anderen Autor liegen Brutalität und Zärtlichkeit so nahe beieinander, wechseln sich so regelmäßig ab. Es kann kein Zufall sein, daß die drei Länder, denen er außerhalb Indiens seine besondere Aufmerksamkeit schenkt – Kambodscha, Burma und Sri Lanka – jeden Besucher mit einer schwerverdaulichen Mischung aus Horror und Sanftmut, aus Demut und Wahn verwirren. Der Maitreya-Buddha zeigt sein sanftestes Lächeln, während nebenan ein Massengrab ausgehoben wird; die flüsternden Palmen brennen lichterloh. Ghosh spürt die Geschichten auf – etwa jene von den klassischen Tänzerinnen am Hofe in Phnom Penh –, die diese Diskrepanz elegant illustrieren, und trifft Menschen – wie den Direktor des Malaria-Institutes in Port Blair –, die einen eigenen würdigen Weg finden, mit Trauer und Trauma umzugehen. Meist nimmt sich Ghosh dezent zurück, bringt seine Gedanken und Gefühle unaufdringlich ein, so als würde er ein Tischtuch einige Male ausschütteln, bevor er es über die Tafel legt. Es ist Ausdruck der einzigartigen Qualität dieser Essays, daß man stets bedauert, den letzten Satz erreicht zu haben, so als würde man aus einem sehnsuchtsvollen Alptraum herausgerissen werden, denn selbst wenn der Autor von Entsetzlichem berichtet, befindet man sich lesend in einem schwebenden Zustand der Entrückung.

Ghosh ist ein wahrlich kosmopolitischer Geist. Nicht, weil er in New York lebt und auf Englisch schreibt, nicht, weil er sich in Kalkutta ebenso daheim fühlt wie in Brooklyn, sondern weil die Themen, die er aufgreift, und die Art, wie er sie durchmißt, von seltener Weitstirnigkeit sind. Egal, über welchen Ort er schreibt, er steht nie verwurzelt an einer Stelle, sieht die Realität nie durch eine bestimmte vorgefertigte Brille. Wenn es so etwas wie kulturelle Mehrsichtigkeit gibt, kann man sie an diesem Autor studieren. Bei Amitav Ghosh hat man selten den Eindruck, andere Blickwinkel seien ihm völlig fremd. Im Gegensatz zu manchen Autoren, die den Zaun ihrer freiwilligen Begrenzung kunstfertig pflegen und sich ungern von einmal gefaßten Urteilen trennen, legt Ghosh sich selten fest, zwängt sich und seine Texte nie in starre Eindimensionalität ein.

Es gibt kaum einen gebildeten Inder, der die Ghasale von Mirza Ghalib, jenem Zeitgenossen Baudelaires, der für die Entwicklung der Urdu-Dichtung so wichtig war wie der Franzose für die europäische Poesie der Moderne, nicht schätzte. Agha Shahid Ali, dem Amitav Ghosh in diesem Buch ein wehmütiges, intimes Porträt widmet, lebte von Ghasalen, und so erscheint es mir angemessen, mich vor der Kunst von Amitav Ghosh und in Erinnerung an den großen Dichter Agha Shahid Ali mit einem der schönsten mir bekannten Ghasale zu verbeugen.

Die Träne ist glücklich, wenn sie stirbt im Fluß,
ein so heftiger Schmerz heilt sich selbst.

Meine Tränen vertrocknen zu Atemkälte, ich weiß,
so wie Wasser zu Luft wird, auch an einem Wintertag.

Die Lenzwolke, die nach dem Regenguß verschwimmt,
Hat sich an der Trauer aufgespießt, aber vergiß nicht

Das Windwunder, das unsere Fenster poliert.
Schau, dein Spiegel trägt Grün zum Frühling

Die Rose, Ghalib, sei dir ein Zeichen: Geh, spiele den Zeugen.
Lasse das Licht, den Himmel verblassen: Halte die Augen offen.

Die Verkostung der Welt

*Auf einem Kreuzfahrtschiff über
den Indischen Ozean, Singapur – Dubai.
März 2007*

»*In der Welt hat sich eine neue Form des Tourismus entwickelt, betrieben von Einzelnen, Paaren, manchmal Gruppen. Diese reisen um des Reisens willen, wobei es ihnen nur darum geht, unterwegs zu sein, sich anderswo aufzuhalten – ohne konkretes Ziel. Diese neuen Touristen wollen niemanden kennenlernen, sie wollen nichts erfahren, sie wollen einfach irgendwo sein, das genügt ihnen.*« Ryszard Kapuściński

Es braucht nicht viel, damit ein Mensch lächerlich aussieht: dazu reicht schon eine rote Schwimmweste, die sich um den Nacken legt wie ein Joch. Zumal wenn der Mensch umgeben ist von einigen hundert ebenfalls rotumhängten Mitreisenden und ein jeder nach Belieben das Rettungslicht ausprobiert und die Pfeife in den Mund steckt, ohne hineinzublasen – das traut sich doch keiner im großen Salon. »Wir würden Sie bitten, im Notfall den Wasserkocher nicht zu benutzen«, erklärt der Sicherheitstechniker. »Es ist verboten«, ruft ein Passagier dazwischen, »sagen Sie es auch so, daß es die Leute verstehen.« Worauf der Sicherheitstechniker mit sanfter Stimme bestätigt: »Ja, es ist untersagt.«

Eigentlich würde es reichen, die Wellenlandschaften zu betrachten, am Heck anders als am Bug, wie sie buckeln im Scheinwerferlicht, wie sie zerfließen, die Bilder, die entstehen, in unendlichen Variationen. Doch eine Kreuzfahrt verspricht mehr, in den Katalogen, beim Kapitänswillkommenscocktail, in jeder Bordansage und jedem Tagesprogramm: den Zauber der Welt erfahren bei höchstem Komfort. Deswegen schmachtet man dem nächsten Höhepunkt entgegen, bucht seine Landausflüge, unterzieht sich Diavorträgen und deckt sich im Bordshop mit Sonnenmilch ein. Das Schiff tuckert an schönen Stränden vorbei, an Mangrovensümpfen, doch Landgang mit den Begleitbooten ist ausgeschlossen, denn der Zeitplan ist Gott. Alles ist vorbestimmt – das Kreuzfahrtschiff ist eine dahintreibende Illustration einschlägiger Theologien.

Was sieht man, wenn das Schiff einen weiteren Hafen anläuft? Wenig, außer Silhouetten von weitläufiger Flüchtigkeit. Einige Kräne, aufgestapelte Container, das eine oder andere Schiff. Dann dockt man an und schaut genauer hin.

»Das sieht wie nach einem Krieg aus!« – Port Blair.

»Mein Gott, ist's hier dreckig!« – Mangalore.

»Da schläft einer auf dem Pier, hat's der aber gut, gar nicht weit von seinem Arbeitsplatz entfernt!« – Bombay.

Das Schiff wirft Anker, die Vorurteile fliegen über die Reling, den Hafenarbeitern entgegen, die ihre Fron unterbrochen haben, um die bikinibekleideten, weißen Frauen im Alter ihrer Mütter oder gar Großmütter anzuglubschen. Wenig später steigen die Passagiere die Gangway hinab, um in den Bus Nr. 1 oder 2 oder 8 zu steigen und an der klimatisierten Stadtrundfahrt teilzunehmen. Drei Stunden später kehren sie zurück (das Mittagessen wartet) und sagen: »War das aber schön«, oder sie sagen: »Das Taj Mahal Hotel war ganz nett, den Rest kannste vergessen«, oder sie sagen, nur halb im Spaß: »Tolles Land, wenn's nicht so viele Ausländer gäbe.« Die Welt ist ein kaltes Büfett, an dem die Fremde zaghaft, mürrisch und voller Vorbehalte verkostet wird. Meistens wird sie angewidert, empört, schockiert ausgespuckt. Das Kreuzfahrtschiff legt immer wieder an, es ankert manchmal für einen Tag und manchmal sogar für eine Nacht, nur kommen die Passagiere niemals an.

Beim Auslaufen dröhnt überall an Bord minutenlang die bombastische Hymne der Eroberung aus dem Film »1492«. Damit sich die Passagiere erhaben fühlen wie einst Kolumbus. Herr Siebert aus der Innenkabine 314 hat andere Sorgen, er streckt seinen Kopf in den Gang und blickt zur Plastikkonsole, in die täglich zu einer bestimmten Uhrzeit das vierseitige, zweifarbige Tagesprogramm gelegt wird. »Das darf doch nicht sein«, ruft Herr Siebert aus, Aug' in Aug' mit einer weiteren Häresie. »Immer noch kein Programm! Das kommt von Tag zu Tag später, verflucht noch mal.« Und er schlägt die Tür seiner fensterlosen Kajüte zu. Das Programm, das wenige Minuten später zugestellt wird, eröffnet mit einer inspirierenden Sentenz: »Das Salz des Reisens sind die glücklichen Zufälle.« Ein Deck höher hat sich Ehepaar Löwe in seiner Suite eingerichtet. Dr. Löwe ist der golfende Beweis dafür, daß Ärzte nicht unbedingt zum Bildungsbürgertum gehören. Er hält jedem, der nicht zuhören mag, Vorträge zum Thema *Ich-erkläre-Ihnen-die-Welt*, gewürzt mit einer großzügigen Prise *Das-wird-man-doch-mal-sagen-dürfen*, eingewickelt in *Mir-kann-keiner-was-vormachen*. Wenn Herr Löwe eine Frage stellt, ist er nie um die Antwort verlegen. Frau Löwe existiert nur aus Gründen der Konvention, und sie weiß ihr unverdientes Glück mit Stummheit zu bedanken. Am nächsten Tag gibt das Programm leitmotivisch zu bedenken: »Wir leben alle unter dem gleichen Himmel, aber wir haben nicht alle den gleichen Horizont.«

Das Programm bietet weitaus mehr als Weisheit. Es kündigt ein Angebot an, bei dem einem genügsamen Menschen schwindlig werden könnte. Für was soll man sich nur entscheiden, an diesem schönen Tag, sonnig wie jeder andere Tag, langweilig paradiesisch halt. Wie wäre es mit Handmassage oder einem Kurs in Kashi Zara (asiatische Tischdekoration) oder einem Shuffleboard-Spielchen oder dem heiteren Lügenquiz »Wer sagt die Wahrheit?« Alternativ böte sich die »Weisheit der 5 Tibeter« oder ein Tanzkurs an. Die Sitzfesteren versammeln sich zum Bingo. Schon lockt die *happy hour*, gefolgt von der Soiree und dem Abendessen, bevor jeden Abend um 21.15 stets eine Show in der Lounge mit Tanz, Musical, Chansons und klassischer Musik verwöhnt. Doch Genügsamkeit können nur jene empfinden, die für ihre Segnungen nichts bezahlt haben. Wer tief in die Tasche gegriffen hat, fischt immer wieder Beschwerden aus derselbigen heraus. Zwei Witwen formulieren einen mehrseitigen Brief im beliebten *J'accuse*-Duktus. An Bord mangele es an einem Maskenball, auch an einem Ballett, und tagsüber gebe es auch Lücken. Überhaupt, man langweile sich! Was lernt der Chronist auf einer Kreuzfahrt? Etwa, daß Freizeit schwere Arbeit sein kann.

Dagegen helfen die täglichen Schlachten um das einzige, das nicht ohne Maß vorhanden ist: Liegen. Pünktlich um sieben in der Früh reißen die Eifrigen den philippinischen *deckhands* die Liegestühle aus den Händen (ausschließlich Filipinos übernehmen die harte und schmutzige Arbeit an Bord, denn sie sind – laut dem Hotelchef – »pflegeleicht«). Ein Ehepaar ergattert drei Liegen, damit es zwischen einem sonnigen und einem schattigen Plätzchen wechseln kann, was einen anderen Passagier so sehr in Rage treibt, daß bald ein gegenseitiges Beschimpfen anhebt, allerdings der alten Schule (»Sie Schuft, Sie«). Die Schlacht endet mit einem Pyrrhussieg für das Ehepaar. Entnervt verlangen alle Kampfparteien von der unfaßbar geduldigen Besatzung, frühzeitig das Schiff Richtung Heimat verlassen zu können. »Alle Reisen sind heimliche Bestimmungen, von denen der Reisende nichts ahnt«, vermag das Programm an diesem Tag zu trösten.

Jene, die seit längerem kreuzfahrerisch die See bereisen, haben sichtbar Mühe, ihren Zynismus im Zaum zu halten. Wenn sie spät abends unter sich den Tag ausklingen lassen, ergötzen sie sich an Anekdoten, für die George Grosz seine rechte Hand hergegeben hätte. Wie etwa von jener feinen Dame, die zum Kapitänstisch eingeladen wird, eine große Ehre, die vor allem Suitengästen, Weltreisenden und Stammkunden zuteil wird. Die Dame verspeist das gesamte Menü, während sie eifrig parliert. Nach dem Dessert öffnet sie ihre Handtasche und erbricht sich darin, wischt sich feinsäuberlich den Mund ab und bemerkt mit Fassung: »Es muß wohl an dem Erdbeertörtchen gelegen haben.«

Am letzten Tag gibt das Programm den von Bord gehenden Passagieren (etwa fünfzig sind Weltreisende und bleiben drei Monate lang auf dem Schiff) einen guten Ratschlag mit auf den Heimweg: »In deinem Urteil über ein fremdes Land und fremde Leute bleibe jenseits von Gut und Böse. Das, was du siehst, ist weder gut noch schlecht – nur anders.« Dem Verfasser dieser Zeilen ist es allerdings schwer gefallen, dies zu beherzigen. Wahrlich, Kreuzfahrten sind wenig geeignet für eingefleischte Zetetiker.

BULGARIEN

Bulgariens Kohlhaas

Sofia. September 2003

In einem Sitzungssaal des Obersten Verwaltungsgerichts der Republik Bulgarien haben sich lauter alte Bekannte eingefunden. Die Reihen sind dichtbesetzt mit Beamten des Innenministeriums, frühere Mitarbeiter der kommunistischen Staatssicherheit. In einer Ecke sitzen einige ältere Männer zusammen, ehemalige politische Häftlinge. Sie sind bei weitem in der Unterzahl und nicht annähernd so gut gekleidet wie die allgegenwärtigen Offiziere. Beide Fraktionen sind erschienen, um einem Prozeß beizuwohnen, der die vorerst letzte juristische Stufe eines Kampfes markiert, der schon ein halbes Jahrhundert andauert und in dem sich die grausame Geschichte und die schändliche Gegenwart des Landes widerspiegeln. Der Angeklagte ist der Innenminister Bulgariens, der Kläger ein siebzigjähriger, etwas gebrechlicher Herr namens Georgi Konstantinow.

Betritt man die kleine Wohnung von Georgi Konstantinow in einem jener trostlosen Neubauviertel, die sich um die Hauptstadt Sofia herumziehen, so fällt einem sogleich ein Regal mit gleichartigen, uniform beschrifteten Aktenordnern auf – die gesammelten Werke der Staatssicherheit, zusammengestellt von einem ihrer meisten mißhandelten Opfer. So umfangreich sich diese Berichte ausnehmen, so unvollständig sind sie. Aus den hervorragend geordneten, mit Verweisen und Querverweisen versehenen Dokumenten läßt sich unschwer herauslesen, daß es sich nicht einmal um die Hälfte der Informationen handelt, die diese Behörde in den letzten fünfzig Jahren gnadenlos und minutiös über Georgi Konstantinow angehäuft hat. Die vorliegenden Materialien betreffen die Jahre nach seiner Entlassung aus dem Gefängnis (1962) sowie die Zeit seiner Pariser Emigration (1973-1992), nicht jedoch die Haftjahre. Die drei Meter Opfergeschichte haben viele überraschende und bedrückende Erkenntnisse ans Tageslicht befördert – die Akten lesen sich wie die dokumentarische Vorarbeit zu seinen Memoiren. Fast alle seine Verwandten, Freunde und Bekannten werden als informelle Mitarbeiter der Staatssicherheit entlarvt, angeworben, um einer außergewöhnlich gefährlichen terroristischen Bedrohung zu begegnen – Konstantinows Aktenname lautet »Der Terrorist«. In den Jahren der Perestroika nimmt die Beschattung seiner Person sogar noch zu, ebenso wie die Hyperbolisierung der Gefahr, die von ihm ausgeht, eine bürokratische Münchhausiade, die in der Behauptung des KGB gipfelt, Georgi Konstantinow verfüge über tragbare Nuklearwaffen. Besonders heikel ist die Erkenntnis, daß er bis 1998, bis ins neunte Jahr des neuen, demokratischen und rechtsstaatlichen Bulgariens also, von der Staatssicherheit beobachtet wird (er hat keinen Grund anzunehmen, daß diesem Mißstand inzwischen ein Ende gesetzt worden ist). Seit sechs Jahren bemüht er sich um Einsicht in die restlichen Akten, vor allem in jene, die seine zehn Gefängnisjahre erkennungsdienstlich illustrieren, die Jahre der schlimmsten Verbrechen gegen ihn, Jahre der Einzelhaft, in denen sein Schlaf mit insgeheim verabreichten Psychopharmaka zerstört wurde, so daß er seitdem nicht mehr als drei Stunden am Stück schlafen kann. Jahre der kontinuierlichen Folter, die er aufgrund seiner ungewöhnlich starken Konstitution und seiner Willensstärke überlebt hat, doch die damit endeten, daß er als weißhaariger Dreißigjähriger das Gefängnis verließ. Jahrzehnte später, am 17.04.1992, sprach ihn der Oberste Gerichtshof frei – das Urteil von 1953 wurde aufgehoben.

Unter der Regierung von Iwan Kostow wurde 1997 ein Gesetz erlassen, das die Direktion für Information und Archivierung ins Leben rief und den öffentlichen Zugang zu den Akten der Staatssicherheit regulierte. Die Kommission jedoch, die dieser

Direktion vorstand und über ihre Arbeit wachte, bestand aus lauter Offizieren, alteingesessenen Mitarbeitern der Stasi, die als sogenannte kompetente Profis übernommen worden waren. Trotz dieses Gesetzes erwies sich der Weg zur Akteneinsicht für Georgi Konstantinow als steil und steinig. Ende 1997, nach vielen Anträgen, Bittgesuchen und Geduldsproben, wurden ihm zehn Mappen überreicht, die ausschließlich Dokumente über den Prozeß enthielten, in dem er zu lebenslanger Haft verurteilt worden war. Es war ihm klar, daß er nur einen Bruchteil seiner Akte erhalten hatte. Immer wieder bohrte er nach, forderte mit exakten Aktenzeichen jene Dokumente an, deren Existenz sich aus den ihm vorliegenden Unterlagen ergab. Über die Jahre hinweg etablierte sich zwischen ihm und der Direktion ein Ritual bruchstückhafter Offenlegung. So oft wurde er vorstellig, daß er sich mit dem Direktor Metodi Andrejew anfreundete. Jedes Mal, wenn ihm weitere Akten überreicht wurden, hieß es nachdrücklich, dies sei nun wirklich alles, mehr sei nicht vorhanden. Und von Mal zu Mal erwies sich das »alles« von zuvor als unvollständig, und es wurde dem Antragsteller mitgeteilt, weitere Unterlagen seien »gefunden worden«. Bis er schließlich jene fünfzig Aktenordner beisammen hatte, die eine ganze Wand in seiner kleinen Wohnung bedecken. Sie umfassen tausende Seiten, handschriftliche Notizen, die er selbst in dem Lesesaal der Direktion angefertigt hat, sowie jede Menge Fotokopien.

Insgesamt handelt es sich um 3313 Fotokopien, wie der Innenminister Georgi Petkanow im Parlament mit einem gewissen Hohn vermerkt, vier Tage vor der Sitzung des Gerichts, als Antwort auf die Anfrage eines Abgeordneten der eigenen Regierungskoalition. Wer schon so viele Akten über sich eingesehen hat – so etwa sein Tenor – und trotzdem weitergräbt, der kann nur ein Querulant sein. Der Innenminister – zu kommunistischer Zeit Juradozent, eine Tätigkeit, die nur mit dem Einverständnis der Staatssicherheit möglich war – beruft sich auf ein neues Gesetz, das die Direktion für Information und Archivierung abgewickelt und die Akten wieder direkt dem Innenministerium und somit ihren ehemaligen Urhebern unterstellt hat. Die Regierung unter Führung des ehemaligen Zaren Simeon Sakskoburggotski hatte es eilig, dieses Gesetz zur Verteidigung klassifizierter Information zu verabschieden, angeblich weil sie als neues Mitglied den NATO-Anforderungen an Geheimhaltung innerhalb des Bündnisses entsprechen mußte. Ob dieses Gesetz die NATO-Richtlinien erfüllt, sei dahingestellt (ein vage gehaltener Fragebogen scheint als vorrangiger Filter wenig geeignet), gewiß hat es aber die Akteneinsicht der ehemaligen Opfer der kommunistischen Herrschaft praktisch abgeschafft. Bei der Weichenstellung für die politische Zukunft wird die Auseinandersetzung mit der Vergangenheit im Keim erstickt. Jetzt entscheidet wieder das Innenministerium, was als »Staatsgeheimnis« gilt – zum Beispiel die mehr als vierzig Jahre alten Akten über einen ehemaligen politischen Häftling. Der Innenminister weist im Parlament trocken darauf hin, Antragsteller hätten nur Zugang zu jenen Informationen, die nicht klassifiziert sind, und diese Voraussetzung sei in diesem Fall nicht gegeben. Daran ändert auch die Replik des anfragenden Abgeordneten nichts, daß die Akten über die Gefängnisjahre von Georgi Konstantinow »in keiner Weise die nationale Sicherheit gefährden können«, der Minister also nur »die Sicherheit von Verbrechern verteidigt«.

Vor Gericht argumentiert Georgi Konstantinow, der sich selbst vertritt, nach bulgarischem Recht seien alle ›streng geheimen‹ Dokumente nach dreißig Jahren freizugeben. Und er weist darauf hin, das Innenministerium habe die entscheidende Frage nicht beantwortet, auf welcher Grundlage Dossiers der ehemaligen Staatssicherheit als »klassifizierte Information« eingestuft würden. Dabei habe das Oberste Verfassungsgericht schon 1993 entschieden, die Archive der ehemaligen Staatssicherheit unterlägen nicht dem Staatsgeheimnis. Auch habe das Innenministerium keinerlei Beweise vorgelegt, daß jemals Akten über ihn vernichtet worden seien. Als er beginnt, die Verbrechen des kommunistischen Staates aufzuzählen, ruft der Vorsitzende Richter Andrei Ikonomow dazwischen, er habe kein Interesse an dem Verhältnis des Klägers zur Staatssicherheit. Aber unter uns, Herr Vorsitzender, erwidert der Kläger, sitzen die Mörder von der Staatssicherheit. Im offiziellen Protokoll der Verhandlung fehlt dieser Wortwechsel, vielleicht weil das Hohe Gericht nicht schwarz auf weiß zugeben will, daß die bulgarische Justiz nicht daran interessiert ist, Verbrechen gegen die Menschlichkeit zu ahnden. Die Entscheidung des Gerichts läßt weiterhin auf sich warten, länger, als es die Fristen vorschreiben.

Georgi Konstantinow ist eine Ausnahme. Nur wenige Bulgaren zeigen Interesse an ihrer düsteren Vergangenheit, nur einige einzelne haben den Mut, die Energie, die Zeit und das Geld, den jahrelangen Kampf gegen eine feindselige Bürokratie zu führen. Die meisten hegen keinerlei Absicht, ihr eigenes Dossier einzusehen. Das fängt mit dem Premierminister an, der sein Leben als König a. D. gewiß vielfältig beschrieben finden würde, der sich die Lektüre aber spart, weil er sich nach eigenen Angaben vorstellen kann, welche widerlichen Dinge über ihn geschrieben wurden. Angesichts der nationalen Verdrängung verwundert es kaum, daß gelegentlich ranghohe ehemalige Offiziere der Staatssicherheit in den Zeitungen unwidersprochen behaupten können, die Staatssicherheit sei etwa »liberaler gewesen als die Partei selbst« und »habe Hunderte vor der Verfolgung gerettet«. Offensichtlich basiert die Amnestie aller auf einer allumfassenden Amnesie.

Am 10. Juli entschied das Hohe Gericht über die Klage des Georgi Konstantinow – ablehnend. Begründung: Der Kläger habe nicht beweisen können, daß die Akten über ihn tatsächlich existieren, und er habe zudem kein Recht, persönliche Daten, die dritte Personen betreffen, zu erfahren. Konstantinows Kommentar ist bitter: »Wahrscheinlich kann ich dem Gericht auch nicht beweisen, daß ich fünfzig Jahre lang politisch verfolgt wurde, daß ich im Gefängnis war, daß ich gegen den Kommunismus gekämpft habe, ja, ob ich überhaupt existiert habe, ist höchst zweifelhaft.«

Nachdem alle Instanzen in Bulgarien durchlaufen sind, bleibt Georgi Konstantinow jetzt nur noch die Klage vor dem Europäischen Gerichtshof in Straßburg, die er schon vorbereitet. Die Chancen, im eigenen Land Gerechtigkeit zu erfahren, sind in den letzten Monaten noch weiter gesunken: während ehemalige Staatssicherheitsleute wieder hohe Ämter bekleiden, beschäftigt sich der Ministerpräsident, ein Mitglied der früheren Zarenfamilie, damit, den Gipfel Musalla im Rilagebirge, der einst Stalins Namen trug, als ehemaliges Familieneigentum für sich zu reklamieren. In Bulgarien haben die Gestrigen mit den Vorgestrigen eine unheilvolle Allianz geformt, an der das Land weiter zugrunde geht.

Belene – Erinnerungsreise in einen bulgarischen Gulag

Donau, Juni 1996

Belene lernte ich im siebten Jahr der »Demokratisierung« kennen. Ich reiste mit einer Gruppe alter Männer, die mehr Gebrechen als Rechte hatten. Sie alle hatten ihre »besten Jahre« auf einer Insel in der Donau verbracht, in dem schmerzhaften Bewußtsein, gegen die Schergen eines Staates ankämpfen zu müssen, der nur ein Ziel kannte: sie zu vernichten.

Der Gruppenführer geht durch die Baracken. Alle Kranken sollen heraustreten, zur Kontrolle. Stöhnend und taumelnd begeben wir uns in die Kälte hinaus; gekrümmt in unserem Leiden reihen wir uns unordentlich auf. Einer der Aufseher schreitet die etwa 20 Männer mit dem Gehabe eines erfahrenen Arztes ab.

– Was fehlt dir denn?
– Magengeschwüre.
– Und was hast du?
– Herzschwäche.
– Und du?
– Leistenbruch.
– Und du ... und du ... und du?
– Bein gebrochen.
– Aha, du bleibst hier, der Rest ab zum Arbeitseinsatz am Deich.
– Ich kann nicht, Herr Aufseher, ich bin doch krankgeschrieben ...
– Dann gibt es für dich kein Brot. Ab zur Arbeit.

An der Pontonbrücke, die über den Hauptarm der Donau führt, hatten die Milizionäre uns nicht durchlassen wollen. Gesten und Rituale der Erinnerung an eine blutige Vergangenheit sind nicht gern gesehen von einer Elite, die mit den Verbrechern aus stalinistischer und schiwkowistischer Vergangenheit verwandt und verwachsen ist. Wir hatten uns den Weg freigekauft. Die Opfer mußten die Gewalten schmieren, um einen Kranz niederlegen zu dürfen an dem Ort, wo ihre Kameraden einst umgebracht wurden.

Wir stampfen durch den Schnee zum Deich, etwa vier Kilometer weit, ein mühseliger Marsch. Wir stützen uns auf Stöcke und Äste. Wir schaffen einige hundert Meter. Bai Petko schreit auf und fällt hin. Seine Leiste ist gebrochen. Schrecklich anzusehen. Der Magen bricht durch das klaffende Fleisch. Wir versammeln uns um ihn herum. Ich sterbe, ich sterbe, schreit Bai Petko. Einige von uns heben seine Beine hoch und schütteln sie. Seine Eingeweide fallen wieder in seinen Körper zurück, in die Bauchhöhle. Bai Petko entspannt sich ein wenig, hört auf zu jammern. Wir legen ihn auf die Erde. Sammeln Äste und binden ihn an einer Weide entlang des Weges fest. Jetzt geht es mir besser, sagt er. Wir entfernen uns, voller Angst um ihn und um uns. Wenige Schritte weiter bricht Dimiter Tarkalanow zusammen. Ich kann nicht mehr, laßt mich hier liegen, geht ihr weiter. Er zittert, sein Gesicht ist bläulich, ja fast schwarz angelaufen. Er leidet unter Gallen- und Leberentzündung. Wir versuchen ihn aufzurichten. Hinter uns der Hufschlag eines Pferdes. Der Aufseher Asen, wie ein Militäroberbefehlshaber:

– Was steht ihr herum, anstatt zum Objekt zu gehen? Muß ich euch mit der Peitsche hintreiben?

– Er ist hingefallen, er kann nicht mehr.

– Dann laßt ihn liegen, wenn er hingefallen ist. Soll er hier sterben wie der andere unter der Weide. Marsch.

Wir ziehen weiter. Dimiter bleibt liegen, auf seinem Mantel, im Schnee. Asen treibt die Sporen in die Flanken seines schönen Pferdes und beginnt im Sattel auf und ab zu schwingen. Das Tageslicht ist am Verklingen, als wir das Objekt erreichen. Die Aufseher bereiten die Arbeitsgruppen schon zur Rückkehr ins Lager vor. Sofort umkehren, befehlen sie uns. Sonst kommt ihr nicht vor Einbruch der Dunkelheit zurück.

Wir taumeln wieder zurück, jeder so gut er kann. Den ganzen Abend hindurch schleppen wir uns durch den Schnee, wir verlieren den Weg, suchen die Baracken. Am nächsten Tag wird ein Fahrzeug losgeschickt, die Toten einzusammeln. Sie finden die Leichen von Stefan Ganew, dem Herzkranken, und von dem ehemaligen Zahnarzt Jonowski. Auch Dimiter Tarkalanow ist tot.

Persin – Bulgariens größte Donauinsel – ist ein Paradies für Ornithologen, geschätzt als Brutplatz einer seltenen Pelikanart, die in Europa vom Aussterben bedroht ist. Die Insel ist vierzehn Kilometer lang, vier Kilometer breit und friedlich wie ein Naturpark. Frösche quaken eifrig, Vögel singen vergnügt, und zu beiden Seiten der Piste, die durch die Längsseite der Insel schneidet, wachsen Weiden, in gebührendem Abstand voneinander. Die ganze Insel verwandelt sich im Frühjahr, wenn die monatelang gefrorene Erde auftaut, in einen Sumpf, der eine Insektenplage nährt. Deswegen ist Belene für menschliche Besiedlung eigentlich ungeeignet.

Zwei Tage später: Beim Morgenappell werden wieder die Kranken zusammengerufen. Direktor Kitow gibt sich die Ehre. Massiv, mehr als 100 Kilogramm schwer. Ein gewaltiger Kopf, der immer wieder neue Grausamkeiten erfindet. Selbstzufrieden stolziert er herum.
– Sind alle anwesend? Keine Kranken, oder? fragt er mit einem gackernden Lachen.

– Doch, dort an der Seite, neben den Alten, antwortet der Wachhabende.
– Alte? Kranke? Was soll das denn heißen? Wenn sie alt oder krank sind, sollen sie sofort zum zweiten Objekt. Werden am Deich des Dorfes arbeiten. Und da sie alt und krank sind, fordere ich von ihnen die doppelte Norm. Werden arbeiten, bis sie die Norm erfüllt haben.

Am Anfang denken wir, er macht Scherze. Aber der Scherz erweist sich als bittere Wahrheit. Innerhalb einer Stunde ziehen wir alle, Kranke und Alte, begleitet von zwei Milizionären, einer vorne, einer ganz hinten, los. Jeder Lagerist hat ein Bündel mit seinen allerwichtigsten Habseligkeiten dabei. Der Rest unserer Sachen wird mit Fahrzeugen nachgebracht, behaupten sie, aber wer weiß schon wann. Die Kolonne bietet einen traurigen Anblick. Erinnert mich an ein Bild von Pieter Brueghel. Eine biblische Szene. Jeder von uns strengt sich an, stumm, in sich gekehrt. Von Zeit zu Zeit heben wir unsere Köpfe und schauen uns um. Die Sonne, eine angezündete Wolke, taucht in der Ferne in die verschmierte Donau. Der Horizont ist bedeckt von einem brandstifterischen Glühen. Um uns herum kriechen Schatten heraus. Der Wald dunkelt ein. Wir schleppen unsere Beine, einer neben dem anderen, einer hinter dem anderen. Jeder verschließt die Schmerzen des Körpers, die Leiden der Seele in sich. Und all die Verwünschungen. Zerschlagene Träume, verfallene Ambitionen – wir leben nicht, wir existieren. Doch wir sind entschlossen zu widerstehen, um jeden Preis, auch diesem Leid.

Bei dem kleinsten Hindernis falle ich hin, scheuere mir die Knie auf. Alles schmerzt. Einmal gelingt es mir nicht mehr aufzustehen. Christo Stomaniakow bleibt neben mir stehen. Auch er ist am Ende seiner Kräfte. Trotzdem reicht er mir seine Hand und sagt voller Mitgefühl: Nimm meine Hand, damit wir dich wieder hochkriegen. Auf seiner Hand sehe ich Blut. Er ist herzkrank. Auf seiner Haut bläuliche Flecken. Ich ergreife die Hand, *und mit den vereinten Kräften zweier Ausgelaugter komme ich wieder auf die Beine. Wir erreichen eine Lichtung. Der Milizionär hat die ersten Häftlinge anhalten lassen, damit der Rest der Gruppe nachkommen kann und wir gemeinsam zum zweiten Objekt vorgehen. Ich habe Angst, mich hinzusetzen, sonst komme ich nicht wieder hoch. Wir warten auf den Befehl weiterzugehen.*

Am nächsten Morgen, nach einer mühsamen Nacht, teilen sie aus: Schaufel, Harke, Schubkarren, Tragbahren. Wir werden zum Deich geführt, an dem gerade gebaut wird. Und die Menge Erde wird festgelegt, die wir täglich ausgraben, verladen, aufwerfen und zusammenstampfen müssen. Es ist wirklich die doppelte Norm. Die Alten und die Kranken beginnen den Deich zu bauen. Im Schneeregen. Die Erde schwer und naß.

Das Todeslager von Belene, benannt nach einem Dorf auf dem Festland, befand sich auf einem Archipel, getrennt von Bulgarien im Süden durch einen Seitenarm der Donau, etwa dreihundert Meter breit. Nördlich der Inseln erstreckt sich der weitaus größere Hauptarm der Donau, auf dem in der schiffbaren Jahreszeit Schlepper, gelegentlich Tanker und das eine oder andere Frachtschiff bzw. Touristenboot vorbeifahren. Persin ist die größte der Inseln. Auf ihr befanden sich die Objekte Nr. 1 und Nr. 2 – wie die »Zweigstellen« des Lagers in totalitärer Nüchternheit hießen –, ein jedes angelegt, etwa 3000 Gefangene aufzunehmen.

Im Objekt Nr. 2, genau gegenüber dem Milizposten, liegt ein im Eis eingefrorenes Boot. Zur Rettung bei Überflutung. Früher einmal war es vielleicht so. Jetzt heißt das Boot, in das Häftlinge zur Strafe gesteckt werden, ohne einen Mantel und ohne eine Decke, in der Eiseskälte des Tages und der Nacht, »Sarg des Todes«. Nur weil sie etwas kritisiert, Gerüchte verbreitet oder das Angebot zur Mitarbeit abgelehnt haben. Oder einfach, weil

irgendein Zuträger behauptet hat, sie wären gefährlich. Bis zu zehn Männer werden in diesem Boot ausgesetzt, die Gesichter verlieren ihr menschliches Antlitz, die Augen sind trübe, Ohren, Hände und Beine erfrieren. Der Oberaufseher lacht gelegentlich über ihren erbärmlichen Anblick.
– Wenn einer von denen stirbt, wirf ihn auf den Haufen Müll dort.
Sagt er zum Wachhabenden.

Im zweiten Objekt waren die Unverbesserlichen und die zu langen Haftstrafen Verurteilten untergebracht. Die Baracken wurden von früheren Lageristen erbaut, aus Lehmziegeln, bedeckt mit Schilf von den Sümpfen der Umgebung. Das einzige Gebäude aus festen, gebrannten Ziegeln war ein ehemaliger Kuhstall, der in ein Lazarett verwandelt worden war. Die Lageristen schliefen auf hölzernen Etagenbetten dicht nebeneinander, im Sommer eine grausige Enge, im Winter aber, bei Temperaturen von bis zu minus zwanzig Grad, ohne Heizung, ein lebensrettender Segen. Vor den Baracken stand ein Obelisk mit der Inschrift »Friede – Arbeit – Sozialismus«. An allen vier Ecken des Lagers erhoben sich Wachtürme. Ende der fünfziger Jahre wurden die Baracken niedergerissen, an ihrer Stelle errichtete die Lagerleitung zwei solide Gebäude, die heute noch stehen. Die Insel wird weiterhin als Gefängnis benutzt.

Eine Nachricht von einer der Gruppen: einige der Häftlinge seien erschossen worden. Eine beunruhigende Botschaft, die alle mit Sorge erfüllt. Wer wohl die Getöteten sein mögen? Mein Freund Mintscho Panow ist unter den Sensenschwingern. Ich versuche mir nicht auszumalen, daß er tot sein könnte. Sie kommen, höre ich von allen Seiten. Aus dem Wald tritt eine Gruppe, stark bewacht. Ich erkenne meinen Freund und bin erleichtert, obwohl dies grausam ist gegenüber jenen, die nicht zurückgekehrt sind. Drei aus der Gruppe fehlen. Auf dem

Weg in die Baracken zurück erfahren wir: Diese drei Männer haben sich ausgeruht, lagen entspannt auf der Erde, einer von ihnen hatte sich eine Zigarette angezündet. Nicht weit von ihnen entfernt, in einer Reihe mit ihnen, habe ein vierter seine Sense zurechtgebogen. Der Milizionär habe sein Maschinengewehr mitten in die Gruppe entleert. Die drei sind getroffen, der vierte und alle anderen stellen sich tot und stehen nicht auf, selbst als der Ruf zur Kontrolle ertönt. Die drei sind schon tot. Der Milizionär behauptet, er habe sie für Flüchtlinge gehalten und daher aus dem Hinterhalt ohne Warnung geschossen.

Die Zwangsarbeit bestand aus Holzfällerei, Landwirtschaft, etwa auf den Maisfeldern, sowie, und dies war wohl die härteste aller Plackereien, dem Ausbau und der Befestigung der Deiche, die an manchen Uferbereichen bis zu 12 Meter hoch und 20 bis 25 Meter breit waren. Die Deiche schützten die Insel Persin vor den jedes Frühjahr nach der Schneeschmelze ansteigenden, brodelnden Fluten der Donau.

Zwei Männer versuchen zu fliehen, indem sie eine Damigiana auf ihrem Rücken festbinden und sich ins Wasser werfen. Doch der Sog eines Schleppers erfaßt sie und zieht sie mit sich und der eine ertrinkt. Dem anderen gelingt es, an das andere Ufer zu schwimmen. Doch der Schlepperpilot hat die rumänischen Behörden informiert, die den Gefangenen bald verhaften. Wochen später wird er ins Lager zurückgebracht und in den Karzer gesteckt, ein Loch in der Erde, vier Meter tief, eng wie ein Brunnen, verschlossen mit einem Deckel aus dicken Brettern – weder Luft noch Licht dringt hinein. Wie einem Tier werfen sie ihm einen halben Laib Brot am Tag zu, einmal in 24 Stunden lassen sie eine Leiter hinunter, damit er heraufklettern kann, um sich zu erleichtern, bevor er wieder in das Loch gestoßen wird. Kirtscho, wie der Mann heißt, erkrankt an Tuberkulose, er läuft gelb an. Sie lassen ihn nun häufiger ins Freie, doch es ist schon zu spät. Schwerkrank wird er aus dem Lager gekarrt, doch er erreicht den Staatsanwalt nicht mehr.

Einst war fast die ganze Insel von Weiden bedeckt. Nähert man sich heute dem zweiten Objekt, so sieht man, so weit man blicken kann, nur noch die Stümpfe der gefällten Weiden, etwa einen Meter hoch und seltsam ordentlich aufgereiht. Jede gefällte Weide erinnert an einen Namenlosen, der hier geschunden wurde. Die ehemaligen Lageristen, die mich begleiten, erzählen, wie sie Frösche und Schildkröten jagen mußten, weil es nichts anderes zu essen gab. Mit Stöcken schlugen sie auf den Boden, und die Frösche hüpften zu tausenden hoch, es war ein Leichtes, sie mit einem Stecken aufzuspießen.

– Wir sind fett geworden, sagt einer von ihnen, wenn sie uns wieder einige Monate auf die Diät von Belene setzten, wir wären schlank wie Jünglinge.

Säcke voller Saatgut werden von einem Schlepper abgeladen. Manche klauen ein wenig. Wie Kaffee, sagt einer der Häftlinge und überläßt mir eine Handvoll Körner. Die getrockneten Erbsen sind süß, knusprig wie schwarzer Puffmais, wenn man sie lange kaut, schmecken sie wie Zuckerrübensirup. Im Sommer kamen wir auf dem Weg zur Arbeit an den Feldern mit den ausgesäten Erbsen vorbei, die als Tierfutter verwendet werden sollten. Entlang des Weges war von den Gefangenen bereits alles abgegrast worden. Die Milizionäre drohten, jeden zu erschießen, der noch einmal vom Weg abkam und nach einer Erbse griff.

Von den kleineren Inseln – Schtureza, Predela, Goliama, Malka Barzina und Magaretza –, war letztere, die Eselsinsel, von besonderer Bedeutung, denn dort wurden die getöteten oder verstorbenen Häftlinge begraben, in aus Weidenholz notdürftig zusammengezimmerten Särgen. Um Proteste oder unschöne Szenen zu vermeiden, wurden ihre Leichen nicht an ihre Nächsten übergeben. Manche Leichen wurden in Kesseln gekocht (die Knochen wurden getrocknet und zermalmt) und dann als Hühnerfutter und Schweinefraß verwendet. Die damit gemästeten Hühner wurden in den Westen exportiert, überwiegend nach Italien.

Einige von uns sind an Milzbrand erkrankt. Warum? Im Stall gibt es ein Loch, in das sie die an Milzbrand krepierten Schafe hineinwerfen. Einige Lageristen, die dort arbeiten, haben die Kadaver herausgeholt, Stücke herausgeschnitten, am offenen Feuer gebraten oder gekocht, um sich noch einmal im Leben satt zu essen. Wir werden zum Appell gerufen. Es sollen alle vortreten, die solches Fleisch gegessen haben. Etwa 30 Leute. Sie werden in die nahe Stadt gebracht. Zwei von ihnen kommen nicht zurück.

Auf der Insel Magaretza stand für einige Jahre nach 1989 eine marmorne Erinnerungstafel, errichtet von dem Verband der verschwiegenen Häftlinge (dem Zusammenschluß der ehemaligen politischen Häftlinge). Sie verschwand, nachdem die Insel an einen Geschäftsmann verpachtet worden war, der eine Gaststätte für die Wachmannschaften eröffnete. »Die feiern jetzt dort riesige Freß- und Saufogien«, berichtet Iwan Newrokopski, der Vorsitzende des Verbandes. »Wir haben protestiert, aber sie haben nicht einmal geantwortet. Als wir nachfragten, wo denn die Tafel hin ist, haben sie die Schultern gezuckt.«

Die Zahl der Opfer in diesem bulgarischen Todeslager ist bis zum heutigen Tag ein Geheimnis geblieben, weil keine einzige der »demokratischen« Regierungen dieses Landes den Anstand und den Mut hatte, die Dossiers der Lagerverwaltung und der Staatssicherheit zu öffnen und die Verbrechen der Vergangenheit an die frische Luft eines neuen, besseren Zeitalters zu setzen. Statt dessen wird die Wahrheit weiterhin begraben gehalten, wie die Toten in den unmarkierten Gräbern auf der Insel Magaretza.

Die kursiven Texte stammen aus den unveröffentlichten Lebenserinnerungen des Sozialdemokraten Atanas Moskow.

Die Macht kommt aus den Dossiers

Sofia. Februar 2006

Für die alte Frau ist es mehr als ein halbes Jahrhundert her und doch nur eine Erinnerung entfernt: Im März 1949 flieht ihr Ehemann über die Grenze, sie bleibt mit ihrem sechsmonatigen Sohn zurück. Kein Jahr später erfolgt eine Anweisung vom Politbüro, all jene aus den Grenzregionen zu entfernen, deren Verwandte geflohen sind. Man gibt ihr zwei Stunden Zeit, ihre Habseligkeiten zusammenzupacken. Dann wird sie auf einem Lastwagen in eine andere Ecke des Landes gebracht. Dort gibt es keine Unterkunft, sie ist gezwungen, mit ihrem kleinen Kind einen halbzerfallenen Stall zu bewohnen. Es stürmt oft in diesem Herbst, kalte Winde wehen durch die Ritzen hinein. Mit Ziegeln aus Torf verschließt sie die Fenster und verengt die Eingangstür. Es wird noch kälter, sie muß mit Holz heizen, der Raum füllt sich mit Rauch, und der Kleine hört kaum mehr auf zu husten. Verzweifelt geht sie zur lokale Zentrale der Staatssicherheit und stellt nur eine Frage: Sind wir zum Tod verurteilt? Wenn ja, kommt und erschießt uns. Eine Woche später sorgt der leitende Offizier dafür, daß ein Haus gefunden wird, in das sie einziehen können. Aber es gibt kaum Arbeit; sie hilft bei der Ernte mit, dafür darf sie ein wenig Trauben für sich behalten. Daraus kocht sie Fruchtaufstrich. Den ganzen Winter über essen Mutter und Kind nichts anderes als Traubenkonfitüre auf einfachem Brot, gebacken aus dem Mehl, das ihr die Nachbarn zustecken. Als sie es gar nicht mehr aushält, beschließt sie zu fliehen, läßt ihren Sohn bei seiner Großmutter zurück, in der Hoffnung, daß sie ihn mit Hilfe des Roten Kreuzes nachholen kann. Aber in den Bergen wird sie gefaßt und gefoltert, bis sie alles zugibt. Sie wird zu drei Jahren Haft verurteilt, aber nach gut einem Jahr amnestiert, weil Stalin gestorben ist. Heute, in einem »demokratischen« Bulgarien, das sich anschickt, Mitglied der EU zu werden, erbittet die alte Frau Zugang zu ihrem Gefängnisdossier. Die Direktion »Strafanstalten« antwortet, es sei nicht möglich, ihr Einsicht in die Akten zu gewähren, da diese »klassifizierte Informationen« enthielten. Mit anderen Worten, die Leiden der jungen Zivka A. in Zeiten der bolschewistischen Diktatur sind weiterhin ein Staatsgeheimnis. Und was sind »klassifizierte Informationen«? Laut Gesetz alle Staatsgeheimnisse, d.h. jede Information, die die nationale Unabhängigkeit, die territoriale Unversehrtheit und die Verfassung gefährden könnten. Dieses Gesetz sei die Reaktion auf eine Anforderung der NATO, die sichergehen wolle, daß Geheimberichte nicht etwa an Moskau weitergereicht würden. Aber in Bulgarien haben die Behörden gleich sämtliche Akten der ehemaligen Staatssicherheit zum Staatsgeheimnis deklariert.

Es gibt schlimmere Ungerechtigkeiten und Unsinnigkeiten im heutigen Bulgarien, aber Fälle wie dieser verdeutlichen, wie die herrschende Schicht weiterhin die Verbrechen der Vergangenheit deckt und somit weitere Verbrechen ermöglicht. Denn die Frage der Vergangenheitsbewältigung ist in Bulgarien keineswegs eine nebensächliche – wie viele Beobachter aus dem Westen meinen –, sondern eine existentiell wichtige, denn sie ist verflochten mit der enormen Herausforderung, dieses Land aus dem Kreislauf der Korruption und Kriminalität, der Begünstigung und Unterschlagung, des Drogenhandels und der Waffenschieberei zu befreien. Die Allmacht über die Dossiers verhindert den Kampf gegen das organisierte Verbrechen, der von den Gutachtern der EU-Kommission immer wieder gefordert wird. Denn hinter der Mafia steht die ehemalige Staatssicherheit in neuen Mutationen: viele Oligarchen waren Mitarbeiter der Staatssicherheit, etwa Dimitar Iwanow, der letzte Chef der berüchtigten 6. Abteilung der politischen Polizei mit Spitznamen

Mitju Gestapo, oder der Untersuchungsoffizier der Staatsicherheit Emil Kjulew, Bankier mit einem geschätzten Vermögen von einer halben Milliarde Dollar, der Ende 2005 einem Attentat zum Opfer fiel. Die Geheimnisse der Archive sind der Klebstoff, der die verschiedenen Zweige der Mafia trotz ihrer internen Differenzen zusammenhält. Wenn Premierminister Stanischew äußert, es sei jetzt nicht der Augenblick, in der bösen Vergangenheit zu wühlen (gemeint sind die Archive), will er eigentlich sagen: Auch heute noch würde eine Öffnung der Dossiers unsere Macht gefährden.

Dieser Wochen, da das ganze Land mit angehaltenem Atem die Entscheidung der EU-Kommission über den Beitritt Bulgariens zum 1. Januar 2007 erwartet, wird wieder viel über die Dossiers geredet. Nicht, weil der Widerstand der Bürger gewachsen wäre, sondern weil das Establishment mit einer Rhetorik der Offenheit die Sorgen des Westens über demokratische Defizite besänftigen will. Die umfangreichen Dossiers der ehemaligen Staatsicherheit (auf bulgarisch Darjavna Sigurnost) sind bis zum heutigen Tag nicht zugänglich. Seit der Wende vor mehr als 15 Jahren dienen die Dossiers, oder besser gesagt die Mutmaßungen über den Inhalt der Dossiers, als Waffen in den politischen Schlammschlachten. Die Entlarvung einer bestimmten Person erfolgt seitens der Geheimdienste, den offiziellen Nachfolgern der Staatssicherheit, die nicht nur über die Dossiers verfügen, sondern überwiegend aus demselben Personal bestehen. Kein Außenstehender, kein unabhängiges Gremium hat je Zugang zu diesen Archiven erhalten. Kein Wunder, sind doch die alten Agenten in den Geheimdiensten der neuen Ära verblieben, samt ihrem Apparat an Spitzeln und IMs. Als die Regierung von Iwan Kostow 1997 ein Gesetz für den Zugang zu den Dossiers der ehemaligen Staatsicherheit verabschiedete, das für kurze Zeit ein kleines Fenster zu den Archiven öffnete, bekamen es viele Spitzel mit der Angst zu tun, ihre Vergangenheit könnte öffentlich bekannt werden. Doch in einer der Verordnungen wurde festgelegt, daß die Geheimdienste einen Spitzel des alten Regimes neu anwerben dürften, und sich der Schutz des Gesetzes dann über seine vergangene Tätigkeit erstreckt – so verwandelt sich archivarische in operative Information. Nicht nur Ex-agenten machten sich diese Verordnung zunutze; viele alte IMs baten ihre Führungsoffiziere von einst, sie neu anzuwerben. Auf diese Art wurden ehemalige Agenten, die sich inzwischen als Gangster verdingten, erneut angeworben und sind nun vor den Gerichten sicher. Das ist einer der Gründe, wieso bislang kein einziger Mafiaboß verurteilt worden ist. In den sieben Jahren der Dienstzeit des kürzlich abgelösten Generalstaatsanwalts Nikola Filtschew vermochte seine Behörde keinen einzigen der vielen Auftragsmorde aufzuklären.

Die manipulative Kraft der Dossiers hat nicht nachgelassen, wie der Fall Koritarow Anfang 2006 bewies. Das Drama nahm seinen Lauf, als Angelina Petrowa, eine Journalistin der alten Schule, sich mit der Bitte an den Innenminister wandte, zehn führende Journalisten auf ihre Mitarbeit bei der Staatssicherheit hin zu prüfen. Der Innenminister erfüllte ihr den Wunsch umgehend: vier der Journalisten seien Spitzel gewesen, darunter auch Frau Petrowa selbst (Pseudonym: Linde), Tosho Toschew (Agent Bor), als Chefredakteur des Revolverblatts »TRUD« einer der schmutzigsten Journalisten Bulgariens, sowie die Fernsehjournalisten Kevor Kevorkian und Georgi Koritarow (Agent Albert). Es war offensichtlich, daß es sich um eine konzertierte Aktion gegen Koritarow handelte, der sich jeden Werktagmorgen bissige und kritische Interviews im Frühstücksfernsehen bei Nova Televisia erlaubte. In einer der folgenden Sendungen legte Koritarow ein Geständnis ab. Er sei als junger Mann durch Nötigung angeworben worden, weil er versucht hatte, sich mit Hilfe eines falschen ärztlichen Attests, daß er unter Epilepsie leide, vom Wehrdienst zu drücken. Daraufhin habe ihn ein Mann aufgesucht, der alles über diesen Betrugsversuch wußte, und ihm das Angebot unterbreitet, entweder sechs Jahre ins Gefängnis zu gehen oder für die Staatssicherheit zu arbeiten. Nach 1989 bewarb er sich bei Radio Freies Europa und arbeitete zuerst in München und dann in Prag (was bedeutet, daß er sich dem CIA anvertraut haben muß). Als dieser Sender geschlossen wurde, kehrte er nach Bulgarien zurück. Er habe geglaubt, es gebe einen bulgarischen Staat, für den er gearbeitet habe, aber heute sei er überzeugt, daß ein solcher nicht existiere. Koritarow beendete sein Geständnis mit einem Appell an die Jungen, nicht für die Geheimdienste zu arbeiten, sondern ihr Glück im Ausland zu versuchen. Einige Tage später forderte ein Fernsehjournalist namens Barekow die Überprüfung von 47 führenden Bulgaren ...

So rollt der Ball beim bulgarischen Roulette immer wieder aufs neue und fällt gelegentlich auf einen Namen, aber nur die Naivsten können vermuten, dies geschehe zufällig. Die öffentliche Diskussion, die bei jeder Entlarvung ausbricht, zeichnet sich durch eine bemerkenswerte Blindheit aus. Kaum einer stellt die entscheidende Frage: Bei den Dossiers handelt es sich um Dokumente aus den repressiven Strukturen des totalitären Apparats – wer hat die Repressionen ausgeübt und wer war Opfer dieser Repressionen? Statt dessen wird alles auf die Frage reduziert, was die Akten wohl beweisen und ob der Entlarvte sich schuldig gemacht hat. Zur Verteidigung der Spitzel und Agenten wird angeführt, »sie hätten für die nationale Sicherheit gearbeitet«. Doch diese Arbeit – das möge einmal in Erinnerung gerufen werden – richtete sich gegen die USA und die NATO. Also handelte es sich bei einer derartigen Verteidigung der nationalen Interessen zumindest aus heutiger Sicht um einen kapitalen Fehler, wenn nicht gar um ein Verbrechen, denn sie richtete sich, mit allen Mitteln der Spionage, gegen die heutigen Bündnispartner. »Die Staatssicherheit hat per Gesetz die Interessen der Partei verteidigt«, erklärt der ehemalige Leiter der Abteilung Information und Archiv im Innenministerium, Serafim Stoikow, »sie war das schärfste Instrument der Parteipolitik. Daher müssen wir ein für allemal die Idee begraben, sie habe im Interesse der Nation gearbeitet.« Auch das oft verwendete Argument, man habe mit der Spionage niemandem geschadet, greift nicht. Die erste Abteilung der Staatssicherheit führte im Ausland Morde aus, etwa um Vertreter der bulgarischen Emigration zu liquidieren – im Auftrag des Politbüros. Zudem waren in der Abteilung I. der Staatssicherheit viele Getreue der Regimes untergebracht, Kinder von »aktiven Kämpfern gegen Faschismus und Kapitalismus« sowie Mitglieder der BKP. Viele Agenten aus den Abteilungen Spionage und Konterspionage sind heute erfolgreiche ›Buzinismen‹. Sie halten zur Bulgarischen Sozialistischen Partei, in dem Vertrauen, daß die Herkunft ihres Vermögens nie anhand der Dossiers untersucht wird.

Sie mögen recht behalten, denn unverständlicherweise zeigt der Westen wenig Interesse, diese Mißstände zu bekämpfen. Trotz aller Warnungen von Experten wie Klaus Jansen, Vorsitzender des Bundes der Deutschen Kriminalbeamten: »Wenn die EU geheime Informationen an Bulgarien gibt, werden diese an die organisierte Kriminalität gelangen. [...] Die Probleme Bulgariens werden ab 2007 meine Probleme sein.«

Wo der Staat Teil der Mafia ist

Sofia. Juni 2006

Der Geschäftsmann: Puppen sind gefährlich, wenn sie sich einbilden, die Fäden zu ziehen. Wenn sie meinen, das Geld, das sie verwalten, gehöre ihnen. Wenn sie so reden, als hätten sie eine eigene Stimme und einen eigenen Verstand. Ilija Pawlow war so eine Puppe. Laut Schätzungen war er mit seinem Privatvermögen von 1,5 Milliarden Dollar der achtreichste Mann in Osteuropa. Dabei hatte er sein Berufsleben als Ringer begonnen, als mittelmäßiger Ringer. Einige Jahre später gehörte ihm der größte bulgarische Konzern – Multigrup. Pawlow erhielt Orden von Rußland und von Israel, er ging ein und aus bei Exkönig und Präsidenten. Und irgendwann begann er an die Rolle zu glauben, die er ausfüllte. Er wollte – als Puppe! – graue Eminenz spielen. Er begann, Deutsche, Engländer und Amerikaner in den Aufsichtsrat von Multigrup zu bringen, und er investierte das Kapital des Konzerns zunehmend in den USA. Er löste sich von der russisch-bulgarischen Mafia, die ihn erschaffen hatte, und das konnte sie nicht zulassen, denn keine Mafia verzeiht, wenn sich jemand von ihr entfernt. Offensichtlich hat Ilija Pawlow Signale erhalten, daß er auf der Abschußliste stand, denn als Vladimir Putin in Sofia zu Staatsbesuch war, drang Pawlow mit Hilfe einer gefälschten Einladung zum Empfang in der russischen Botschaft ein und stürzte auf Putin zu, doch dieser weigerte sich, mit ihm zu reden. Einige Tage später, beim Verlassen seines Büros, umgeben von zehn Bodyguards, traf ihn ein Schuß mitten ins Herz. Das war im März des Jahres 2003. Zur Totenmesse erwies ihm die gesamte Elite des Landes – die Fotos in den Zeitungen hatten eine verblüffende Ähnlichkeit mit den Beerdigungsszenen bei den drei »Paten«-Filmen von Francis Ford Coppola – die letzte Ehre. Und als er in seinem Heimatdorf Arbanasi im Norden Bulgariens beerdigt wurde, standen sieben Bischöfe an seinem Grab – die absolute Mehrheit der Heiligen Synode des Landes. Kein anderer Bulgare ist je mit solch hochrangigem Beistand verabschiedet worden.

Die organisierte Kriminalität: Wie alle anderen Auftragmorde blieb auch dieser ungesühnt. Kein Wunder, wenn man dem ehemaligen stellvertretenden Chef der Politischen Polizei Zviatko Zwetkow glauben möchte, der einer bulgarischen Zeitung gegenüber erklärte: »Ein Auftragsmord ohne Duldung oder Mitarbeit der Polizei ist nicht möglich. Die Polizei ist als Emanation des Staates ein fester Bestandteil auch der organisierten Kriminalität.« Alle Jahre wieder wird ein Krieg gegen die Mafia erklärt, gegen Korruption, Waffen- und Drogenhandel, Geldwäsche, Prostitution, Schutzgelderpressung, falsche Kredite und Betrug aller Art, und jedes Mal erweist sich der Krieg als harmlos. Die bulgarische Mafia ist ein Resultat der totalitären Vergangenheit. In Sizilien formte sich die Mafia, als das Habsburger Imperium sich zurückzog und die Mehrheit seiner Angestellten in Armee und Polizei arbeitslos wurden. Die Mafia wurde in der Folgezeit zu einem Annex des Staates. In Ländern wie Bulgarien oder Rußland hingegen gründet sich die Macht auf die Allmacht der Kommunistischen Partei und der Staatssicherheitsdienste. Die Nomenklatura erschuf einst eine parallele Schattenwirtschaft, um mit Waffen, Drogen und anderen lukrativen Dingen zu handeln, vor allem um Devisen zu verdienen. Und als die Wende kam, erwiesen sich diese Strukturen als sehr nützlich, durch vielfältige Metamorphosen und Mutationen das geraubte Volksvermögen in privates Kapital umzuwandeln. Ruft man sich den Spruch von Lenin ins Gedächtnis, daß Diktatur die von keinem Gesetz eingeschränkte Macht ist, wird man verstehen, wie klein die Cosa Nostra im Vergleich zu der Krake der Mafia in Rußland ist. Letztere hat die eigene Gesellschaft infiziert und ist in der Lage, auch die alten EU-Länder anzustecken. Die hierarchische Struktur des Imperiums mit dem Zentrum in Moskau spiegelt sich in den heutigen Mafianetzen wider, denn die Nabelschnur ist vielleicht langgezogen, aber noch nicht durchtrennt.

Der Generalstaatsanwalt Nikola Filtschew war – wie die meisten hochrangigen Vertreter des bulgarischen Staates – Mitarbeiter der Staatssicherheit vor 1989 und vielleicht auch des KGB. Nach der Wende gebärdete er sich zuerst als Oppositioneller, doch nach dem Fall der konservativen Regierung von Iwan Kostow begann er regelmäßig nach Moskau zu reisen. So erfolgreich verliefen seine Aufenthalte dort, daß ihm Putin vor nicht allzu langer Zeit einen hohen Orden für besondere Dienste am russischen Staat verlieh und eine 15 kg schwere, illustrierte und vergoldete Geschichte Rußlands mit dem Titel: »Rußland – ruhmreiches Schicksal« überreichte. Die Zeremonie fand in der russischen Botschaft in Sofia statt. Ein etwas angetrunkener Filtschew erhob sich und rezitierte ein Gedicht: »Wie Rußland gibt es kein zweites Land so mächtig auf Erden, es ist unser Fundament, es ist unser Vorbild.« Und dann sprach er mit Tränen in den Augen über das gemeinsame Schicksal von Rußland und Bulgarien, und die vielen anwesenden Uniformierten nickten zustimmend. Sieben Jahre lang, von 1999 bis 2006, hat Nikola Filtschew das Verbrechen bekämpft. In dieser Zeit wurden Hunderte von Auftragsmorden an führenden Geschäftsleuten ausgeführt, und es gab Tausende von Toten unter den niederen Chargen, ob aus der schwarzen, der grauen oder der weißen Wirtschaft. Und wie viele dieser Morde hat seine Behörde aufgeklärt? Keinen einzigen! Kein einziger Mafiaboß wurde je angeklagt, kein Killer zur Strecke gebracht. Filtschew verhinderte jegliche Untersuchung, die auf die Einmischung der russischen Mafia hingewiesen hätte. Nach seiner Amtszeit verlangte die Opposition, er selber solle wegen diverser Verbrechen angeklagt werden, also wurde er zu seinem Schutz als Botschafter nach Kasachstan geschickt.

WEGWEISER

Das Netz von Indra
oder
Die Philosophie hinter dem Spiel

Berlin. Mai 2007

Wenn wir schreiben, vernetzen wir. Wort mit Wort, Ort mit Ort. Wir reihen Buchstaben aneinander, wir versammeln Wörter, mal zu festen Paragraphen, mal zu vorbeifließenden Strophen. Das Niedergeschriebene vernetzt sich weiter, mit dem Leser, den Leserinnen. Erst die Ohren, sagt ein afrikanisches Sprichwort, geben der Zunge Leben. Der Leser knüpft seine eigenen Verbindungen, er wirft sein kleines persönliches Netz aus, eines von unzähligen kleinen ausgeworfenen Netzen, mit denen er sich in die Welt hineinwünscht.

In diesen Netzen des Geschriebenen, Gedruckten, Gelesenen, Bedachten und Weitergetragenen reisen wir von Wort zu Ort und weiter zu vielen anderen Orten, aus dem Vertrauten heraus, hinein in das Unbekannte. Wörter können Raum und Zeit aufheben, aber um dies zu bewerkstelligen, benötigen sie handfeste, wurzelgeknüpfte Netzwerke, die das Geschriebene zum Buch werden lassen, die das Buch vervielfältigen und verbreiten, die sowohl das Lesen als auch das Nachdenken über das Gelesene fördern und die vor allem von dem kleineren Netz, in das jeder von uns die meiste Zeit verhaftet ist, in größere, uns erstaunende und bereichernde Netze führen, von einer Ebene auf die andere, von einem Land ins nächste und von einer Sprache in die benachbarte.

Ein endloses Netz von Fäden durchzieht die Welt. Die horizontalen Fäden sind Raum, die vertikalen Zeit. Wo immer sich die Fäden kreuzen, befindet sich ein Lebewesen. Und jedes

Wesen ist ein juwelgleicher Knoten. Das Licht des Seins beleuchtet jedes dieser Kristalle, und jedes von ihnen reflektiert nicht nur das Licht, das die anderen Kristalle reflektieren, sondern auch jede Reflexion der Reflexion im ganzen Netzwerk.

Es existiert eine lange Tradition von Metaphern, die den allumfassenden Zusammenhang aller Wesen, im Straßenjargon Gesamtbewandtniszusammenhang (kurz GBZ) genannt, und somit die Möglichkeit einer globalen Gemeinschaft, widerspiegeln. Das wohl spektakulärste, mutigste und schönste ist das buddhistische Bild von Indras Netz, die Vorstellung, daß jedes empfindungsfähige Wesen ein Knoten in einem weitgespannten Netz ist. In der Physik würde man von einem Schwingungsknoten sprechen und dadurch das Bild um eine weitere Facette der gegenseitigen Beschwingung bereichern. Diese philosophische Metapher findet sich in einem Mahayana-Text mit dem Titel »Buddhavatamsaka Sutra«, also die »Sutra der Girlande der Buddhas«. Aus der Tatsache einer grenzenlosen gegenseitigen Beeinflussung folgt, daß jedes Wesen gleichermaßen wertzuschätzen und in Ehren zu halten ist. Diese Girlande ist also das genaue Gegenteil der Ideologien der Differenz, die das europäische Denken der letzten Jahrhunderte mit so fatalen Folgen geprägt haben.

Gemäß der Beschaffenheit dieses Netzes kann man keinen einzigen Faden beschädigen, ohne allen anderen Fäden Schaden zuzufügen und somit eine wahre Kaskade der Zerstörung in Gang zu setzen. Ebenso kann aber eine empathische und konstruktive Einmischung einen kräuselnden, perlenden, schwingenden Effekt positiver Wirkung entfalten. Doch die vielleicht größte Stärke dieses Gedankengebäudes liegt in der Einsicht, daß kein Einzelnes aus individuellen Elementen besteht, so wie keine Sprache und kein Land und keine Nation aus ihr allein eigenen Elementen zusammengesetzt ist. Im Gegenteil, das Netz von Indra erinnert uns – wenn wir die Vertikale der Zeit aufsuchen – an unsere hybride Vergangenheit, an unser Entstehen und

Werden aus Mischung und Vermischung, aus Fluß und Zusammenfluß. Wir spiegeln uns alle gegenseitig ineinander, und das gilt besonders für die vielen kleinen Sprachen und Länder Ost- und Zentraleuropas, deren dynamische Identität so fluid ist, daß wir allein zu unseren Lebzeiten eine Vielzahl von Veränderungen und Verschiebungen erlebt haben.

Wenn wir uns für die Zukunft wappnen wollen, sollten wir unsere Grenzen als Zusammenflüsse begreifen, die uns in der Vergangenheit befruchtet haben, als Spielwiesen von Mischkulturen, die für die Entwicklung des Kontinents von entscheidender Bedeutung waren und sind. Denn das Trennende ist stets nur eine momentane Differenz, eine Flüchtigkeit der Geschichte. Vielfalt war schon immer die große Stärke Europas – schon die Legende von Europa kennt viele Fassungen, bei denen sich die Schauplätze und Handlungsstränge ändern und die moralische und politische Richtung des Stoffes variiert wird. Denn die Geschichte kann nur dann allen heilig sein, wenn sie im Sinne eines jeden erzählt werden kann. In Blütezeiten hat Kultur in Europa stets im Plural existiert und ist nie stehengeblieben. Das einzig Ewige ist die Veränderung, sagt ein altes Sprichwort. Wer sich also innerhalb Europas abschotten will (oder wer Europa als Ganzes abschotten will), glaubt wahrlich an das Ende der Geschichte. Er glaubt, daß sein System das beste und letzte ist, daß seine Kultur abgeschlossen und fertig ist. Er ist somit dem Tod geweiht.

Die Wahrheit der verwischten Fakten

Berlin. Mai 2007

Wie fing es an? Wie soll man sich die Entwicklung eines Reporters zum Literaten vorstellen? Vielleicht in etwa so: R. K. sitzt in einem stickigen Zimmer in einem heruntergekommenen Hotel, er wartet darauf, daß das Telex wieder funktioniert, daß die Leitungen zum Leben erweckt werden. Er muß lange warten, manchmal Stunden, manchmal Tage, damit er eine knappe Meldung nach Hause schicken kann, an eine Redaktion, die ihre Ungeduld betäubt mit den vielen anderen dramatischen Ereignissen aus aller Welt, eine Meldung von formelhafter Kürze, so als würde er mit der außenpolitischen Redaktion Fernschach spielen (»FNLA rückt vor, MPLA verschanzt sich in der Stadt«). Der Reporter sucht nach einem Sinn in diesem ihm aufgezwungenen Warten; er beobachtet die Witwe hinter dem Tresen, er betrachtet die fliegenden Verkäufer, die hereingeweht werden, und wenn er hinausgeht, bezeugt ihm der schmale Schatten, der sich wie ein Verband um die heiße Stirn der Gebäude legt, Unerhörtes – den Untergang einer Welt, die Totgeburt einer neuen, und er notiert all dies minutiös, skizziert sorgfältig die sensationsabgewandte Seite des Geschehens.

Irgendwann muß R. K. bewußt geworden sein – mit einer Klarheit, die sich seinen zukünftigen Sätzen einschreiben wird –, daß in solchen Zeiten gewaltiger Umbrüche der Nackte-Fakten-Journalismus eine Übersicht simuliert, die der Unordnung der vorbeirauschenden Ereignisse nicht gerecht wird. Die Art, wie die Portugiesen in Luanda Kisten zimmern, um ihr Hab und Gut zu verstauen, sagt mehr aus über den hysterischen und brutalen Abzug der ehemaligen Kolonialmacht als jede Erklärung des Diktators Salazar. Und die unermüdliche Arbeit des Piloten Ruiz, der das letzte flugtaugliche Transportflugzeug fliegt, vermittelt mehr über die Bedrängtheit der jungen Volksrepublik Angola als jede Verlautbarung des Generalstabs.

»Wieder ein Tag Leben«, dieses Tableau vivant aus Angola in den ersten Tagen seiner Unabhängigkeit, ist vielleicht Ryszard Kapuścińskis schönstes Buch. Es wirkt so frisch, weil man dem Text anmerkt, mit welch sinnlicher Lust der Autor die neugefundene Freiheit genießt, Menschen zu beschreiben, als seien sie Figuren in einem Roman, Szenen zu komponieren, als seien sie Kurzgeschichten, und Dialoge festzuhalten, die für ein Theaterstück geschaffen sein könnten. Nur ein sehr naiver Leser würde annehmen, daß Kapuściński jedem der porträtierten Menschen wie dargestellt begegnet ist oder daß er jedes der heraufbeschworenen Gespräche wortwörtlich wiedergibt. Selbstverständlich setzt er die Figuren zusammen aus verschiedenen Personen, die er kennengelernt hat, und gewiß spitzt er zu, was in der Realität flüchtig dahingesagt oder über Tage hinweg einander eingestanden wurde. Unübersehbar ist es Kapuściński ein großes Anliegen, die Stereotypen über Afrika zu überwinden und ein nuancierteres Porträt des Alltagslebens, des Überlebens an den Rändern der Gesellschaft – und die Ränder sind in diesem Land zu jener Zeit zentral für das Verständnis – zu vermitteln. Dabei muß der Leser hinnehmen, daß die Realistik in gewisser Hinsicht fabriziert ist. Kapuściński hätte die intensive Wirkung seiner Schilderungen nicht ohne das freie Arrangement des Materials, das seinen Erzählungen ihre kompakte und schlüssige Note gibt, erzielen können. Wie in jedem guten Roman haben die Figuren eine repräsentative Qualität; die Beschreibungen eignen sich nicht zum Steckbrief.

Die Erkundung des Zwischenlandes zwischen Fiktion und Reportage ist nichts Neues. Charles Dickens recherchierte den Alltag der unteren Schichten in London und beschrieb sie unter dem Pseudonym Boz in seinen »Street Sketches«. Jack London

(»The People of the Abyss«, 1902) und George Orwell (»Down and Out in London and Paris«, 1931) taten es ihm nach. In Deutschland war der legendäre Kisch viel mehr Literat, als es die Rezeption bis zum heutigen Tag wahrhaben will.

George Orwell schrieb einmal, er bewundere das Talent von Charles Dickens, kleine Lügen zu erzählen, um die große Wahrheit einzufangen. Dies könnte auch für Kapuściński gelten. Erst das Verwischen der faktischen Vorlage bewirkt eine empathische Annäherung und einen existentiellen Erkenntniswert. Denn es kommt ihm darauf an, durch die fiktionale Durchdringung des dokumentarischen Berichts den Text auf eine höhere Ebene der Wahrheit zu heben.

Das war die einzige Wahrheit, die Kapuściński, wollte er sein Land und seine Sprache nicht verlassen, offen stand. Dieser junge polnische Journalist, der zu Zeiten Stalins studierte und seine Karriere während des eher kosmetischen Tauwetters begann, hatte eigentlich keine Chance, doch er hat erstaunlich viel daraus gemacht. Es war die Epoche der totalen staatlichen Kontrolle über jegliche intellektuelle Produktion. Halbwegs wahrhaftiger Journalismus war im eigenen Land nur im Untergrund möglich. Im Ostblock flüchteten viele Intellektuelle in abgelegene Themen und Genres, in der Hoffnung, die Zensur und der totalitäre Unterdrückungsapparat würde ihnen dorthin nicht folgen, in Mediävistik oder Science-fiction, wie ein anderer großer Nachkriegserzähler Polens, Stanislav Lem. Diese Hoffnung erwies sich manchmal als illusorisch und Kapuściński mußte trotz seines Rangs und Namens seinen »König der Könige« mit ausgebufften Tricks an der polnischen Zensur vorbeischmuggeln. »Afrika bedeutete meine private Befreiung«, schreibt er im »Fußballkrieg«, und dies ist wortwörtlich zu nehmen (die Staaten Afrikas wurden just zu dieser Zeit in die eigene Freiheit entlassen, und diese bemerkenswerte Parallelität erklärt Kapuścińskis anfängliche Begeisterung und später seine bittere Enttäuschung über die verflossenen Hoffnungen der ersten Stunde).

Die Hinwendung zu fernen Ländern und die Entwicklung einer stark literarisierten Reportageform waren nicht nur Ausdruck eines leidenschaftlichen Interesses, sondern Überlebensstrategie. In seinen weltläufigen Erzählungen meidet Kapuściński meist Abstraktes und Allgemeines, aber auch tagespolitische Enthüllungen wie etwa die, daß Tansania zeitweise mehr politische Gefangene inhaftiert hielt als das Apartheidregime in Südafrika oder daß die MPLA in Angola in kürzester Zeit eine Einparteienherrschaft errichtete (beide Regimes nannten sich »sozialistisch«). Allerdings finden Weltbank und Internationaler Währungsfonds, zwei Institutionen, deren uneinsichtige Ideologien die Not in Afrika entscheidend mitverschuldet haben, auch keine Erwähnung. Politische Analyse ist nicht Kapuścińskis Stärke, die Auseinandersetzung mit dem totalitären System seines Landes sein blinder Fleck. (Wie damals im Ostblock üblich, hat er vor seiner ersten Auslandsreise gewiß eine Verpflichtungserklärung unterschrieben, der Staatssicherheit Bericht zu erstatten, sonst hätte man ihn nicht aufbrechen lassen.) In seinem umfangreichen Panorama der auseinanderfallenden Sowjetunion (»Imperium«) konzentriert er sich auf antiimperiale Kräfte wie Nationalismus und religiösen Fanatismus und ignoriert die anhaltende Wirkung totalitärer Strukturen, wie etwa die Transformation der Nomenklatura in eine neue Oligarchie. Und wenn er in seinen »Lapidarien«, jenen überwiegend gewitzten und anregenden Gedankensteinbrüchen, die er in den letzten fünfzehn Jahren seines Lebens regelmäßig herausgab, die Entwicklung vor und nach 1989 kommentiert, zeigt er sich von seiner zaghaftesten Seite.

Statt dessen verleiht Kapuściński einer fast in Vergessenheit geratenen Form neue Flügel: der Allegorie. Allen seinen Büchern ist etwas Gleichnishaftes eigen, und sein formal reifstes Buch, »König der Könige«, ähnelt einer barocken Lehrgeschichte, etwa John Bunyans »Pilgerreise«. Das Universum des äthiopischen Kaiserhofs ist voller ritueller Extreme, nichts erscheint selbstverständlich oder geläufig. Der Leser verheddert sich in einem Dschungel der Überspitzungen, er kann sich keinen Satz lang sicher oder heimisch fühlen. Überall wuchert der Wahnsinn der absoluten Macht, jeder Aspekt der anonym gehaltenen Höflingszeugnisse ist von Symbolik durchdrungen. Als der große afrikanische Schriftsteller Nuruddin Farah gebeten wurde, die englische Übersetzung zu rezensieren, schrieb er eine wohlwollende Besprechung über diesen »Roman«. Der Redakteur rief ihn an: Herr Farah, es muß eine Verwechslung vorliegen. Dies ist kein Roman. Sie irren, antwortete Nuruddin Farah, dies ist einzig und allein ein Roman!

Man muß kein Prophet sein, um vorherzusehen, daß Kapuścińskis beste Bücher gerade als Allegorien überdauern werden, die vor tropischem Hintergrund Parabeln über Macht und Ohnmacht erzählen, nicht so extrem imaginär wie bei den Surrealisten, aber gewiß auch nicht dokumentarisch zuverlässig genug, um als Quellentexte zu dienen.

Noch in einer anderen Hinsicht vermochte Kapuściński aus einem vermeintlichen professionellen Nachteil literarisches Kapital zu schlagen. Im Gegensatz zu anderen Afrikakorrespondenten verfügte er über ein äußerst limitiertes Reisebudget. Er war weder in einem fürstlichen Haus in Nairobi oder Kapstadt untergebracht, noch besaß er eine Sekretärin oder ein richtiges Büro. Er übernachtete in einfachen Pensionen, aß in Kaschemmen, wagte sich in einer Klapperkiste über Land in den Kongo, hielt sich als einziger Journalist an Orten auf, die von allen guten Chronisten längst verlassen waren. Man könnte ihn einen *reporter on a shoestring* nennen. Was ihm anfänglich die Umstände aufzwangen, formulierte er später als literaturethisches Prinzip: »Weil ich der Ansicht bin, daß ich nicht über Menschen schreiben soll, mit denen ich nicht wenigstens ein wenig von dem durchgemacht habe, was sie durchmachen.« (»Wieder ein Tag Leben«.) Wie kaum ein anderer Europäer hat er das blutige, abstoßende und schmutzige Innere der fernen Wirklichkeit erlebt.

Und diese Nähe zu Schrecken und Würde der Ereignisse hat entscheidend dazu beigetragen, daß Kapuściński ein Leben lang eine geradezu vorbildliche Demut besaß, daß er nicht dem weitverbreiteten Zynismus erlag und sich nie jener selbstgefälligen Abgeklärtheit ergab, die die westliche Berichterstattung über Afrika oft durchsetzt und unerträglich macht. Folgende Charakterisierung Herodots könnte auch als Selbstporträt verstanden werden: »Die Art, wie er schrieb, ließ ihn als jemanden erscheinen, der den Menschen wohlgesonnen war und der Welt neugierig gegenüberstand, der immer viele Fragen hatte und bereit war, Tausende von Kilometern zurückzulegen, um wenigstens auf ein paar Fragen eine Antwort zu finden.« (»Meine Reisen mit Herodot«)

Kapuściński hätte nicht »über *alles* brillant schreiben können« (wie Alain de Botton einmal behauptet hat). Bei ihm waren stilistische Prägnanz und originelle Erfahrung eng verknüpft. Der ungewöhnliche Blick auf eine außergewöhnliche Realität trägt mehr zu seiner flimmernden Poesie bei als seine zweifellos beachtliche sprachliche Sensibilität und narrative Virtuosität – wobei unbedingt erwähnt werden muß, daß er mit einem grandiosen Übersetzer gesegnet war: Martin Pollack.

Die Einbürgerung der Pampelmuse

Berlin. Mai 2006

Auch ich wurde einmal eingebürgert. In den guten alten Zeiten vor der Einführung von Eignungstests. Ein Beamter blätterte die Unterlagen durch, die ich sorgfältig ausgefüllt hatte, Fragen nach meinen Personalien, aber auch nach meinen Vorlieben. Dabei kamen wir auf meine Liebe zur Literatur zu sprechen. Ach, meinte der Beamte, offensichtlich erleichtert, auf den perfekten Lackmustest gestoßen zu sein, dann können Sie mir bestimmt etwas über den deutschen Schriftsteller Lenz sagen. Klar doch, antwortete ich, aber welchen Lenz meinen Sie? Hermann, Siegfried oder Jakob Michael Reinhold. Schon gut, unterbrach mich der Beamte gereizt, ich sehe, Sie kennen sich aus. Worauf er den Antrag gegenzeichnete und mich entließ.

Man könnte sagen, ich verdanke meinen deutschen Paß einer Integrationsübererfüllung, und wer weiß, ob ich neulich zu einem Gespräch mit dem Herrn Außenminister eingeladen worden wäre, hätte ich mich nicht mit der »Deutschstunde« vertraut gemacht, mich nicht mit der »Begegnung« und sogar mit dem »Hofmeister« beschäftigt. Bei dem ministerialen Gespräch über Kultur, Sprache und Vielfalt war eine Reihe interessanter und intelligenter Menschen mit »Migrationshintergrund« anwesend. Sie diskutierten lange und angeregt und blieben sich uneinig.

Es gab jene, die muslimische Mädchen zum Schwimmunterricht zwingen wollen, weil dies der Weg sei, die jungen Frauen aus dem reaktionären Würgegriff ihrer Väter zu befreien. Es gab jene, die für rhetorische Angebote an Verinlandete plädierten, sich mit diesem Land zu identifizieren. Es gab jene, die einen entschieden antireligiösen Standpunkt einnahmen, und jene, die

Koranunterricht auf deutsch in der Schule forderten. Und es gab jene, die an der Komplexität der Herausforderungen fast verzweifelten. Gemein war uns allen eigentlich nur, daß wir die deutsche Sprache beherrschen, in ihr denken und fühlen. Wir alle, die wir uns in einem Séparée versammelt hatten, waren Sprachpatrioten.

Daher nehme ich das Wort »deutsch« ohne schlechtes Gewissen in den Mund. Für mich bedeutet es vor allem die Sprache, die ich mir zur Heimat erwählt habe. Ist deswegen die deutsche Sprache anderen Sprachen überlegen? Darf sie das sein? Würde eine solche Überzeugung eine feindselige Beziehung zu anderen Sprachen implizieren? Jeder Tennisprofi schwört auf seinen Schläger, und mein Schläger ist nun einmal die deutsche Sprache. Es gibt jede Menge Gründe, Deutsch zu lernen: um Büchner, Kafka oder Celan im Original zu lesen; um herauszufinden, welch schlechtes Deutsch die Nazis in alten Hollywoodschinken brüllen; um sich mit hundert Millionen Menschen zu unterhalten; oder um die kreativen Krümmungen von Kanaksprak zu verstehen.

256 Millionen Euro, der Jahresetat des Goethe-Instituts, erscheint als ein Klacks, wenn es darum geht, eine der reichhaltigsten Kultursprachen der Menschheitsgeschichte zu fördern und zu verbreiten. Die reflexartige Angst vor einem neuen Kulturimperialismus ist in diesem Zusammenhang absurd, denn das Angebot der Goethe-Institute ist unverbindlich, die Teilnahme freiwillig, und Deutsch konkurriert mit den anderen größeren europäischen Sprachen. Und doch scheint es einer politischen Klasse, die lautstark Assimilierung fordert, an dem Selbstbewußtsein zu fehlen, die eigene Sprache in die Welt hinauszutragen.

Leider wird die deutsche Sprache nicht nur politisch schmählich vernachlässigt, sondern in letzter Zeit auch noch kosmetisch vermeintlich verschönert. Die Operation trägt den Namen Anglisierung, das Endprodukt McDeutsch. Zum einen haben wir es mit einer Vielzahl von Wörtern – Schätzungen reichen von 5000 bis 8000 – zu tun, die sich in den letzten Jahrzehnten epidemisch verbreitet haben: Opening, Ticket, Crew. Des weiteren haben sich versteckte Anglizismen eingeschmuggelt, bei den Verben etwa: generieren, initialisieren und implementieren. Um uns herum wird in importierten Redewendungen gesprochen: »um eine lange Geschichte kurz zu machen«, »einen Unterschied machen«, »ich sehe Ihren Punkt« (auf der Stirn?), ja, selbst »Liebe machen« ist kein deutsches Idiom, denn der Teutone vollzog jahrhundertelang – umständlich, aber ordentlich – den Geschlechtsverkehr.

Natürlich muß nicht jedes Muttermal der Geliebten schön sein, und nicht jeder modische Schmuck, den sie anlegt, häßlich. Deshalb mutet der Versuch, jeden sprachlichen Import einzudeutschen, bisweilen lächerlich an. Der berühmteste Versuch einer Wortbereinigung stammt von Joachim Heinrich Campe aus dem Jahre 1801: Lügenzicht für Dementi; und gleich vier Alternativen für Ironie: Scheinunwissenheit, Spottlob, Hechelscherz, Schalksernst.

Soviel Hechelscherz war keinem zuzumuten, und heutzutage ist die Ironie jedem Bürger zumindest theoretisch bekannt. Aber sie wird, wie alle anderen Aneignungen, noch Jahrhunderte später in lexikalischen Ghettos verwahrt. Denn in Deutschland existiert ein merkwürdiger Ausdruckszwinger namens »Fremdwörterlexikon«, ein Phänomen, das im Englischen so gut wie unbekannt ist. Die Bewahrer von Herkunftsdifferenzen verzeichnen darin nicht nur die eigentlich fremden Wörter, sondern auch die sogenannten Lehnwörter, als wollten sie zum Ausdruck bringen, wer einmal fremd ist, bleibt immer fremd. Die Pampelmuse etwa, vor vielen Jahrhunderten aus dem tamilischen *balbolmas* über das holländische *pompelmoes* eingewandert, wird weiterhin ausgegrenzt, obwohl sie so wunderbar deutsch klingt wie Apfelmus.

Und damit stoßen wir auf ein grundsätzliches Mißverständnis. Integration sollte nicht Anpassung, sondern Anreicherung bedeuten. Untersucht man nüchtern die »Überfremdungstendenzen« im heutigen Deutschland, so muß man feststellen, daß nicht die Moschee das Stadtbild dominiert, sondern die allseits beliebte kulinarische Multikulturalität, die sich so weit durchgesetzt hat, daß die deutsche Gastwirtschaft neben Pizza, Burger oder Gyros fast untergegangen ist. Und betrachtet man die Sprache, dann droht Überfremdung keineswegs durch Anatolien. Die Paschas mit ihrem Fez haben es gerade einmal geschafft, Kadi und Kaffee ins Deutsche zu schmuggeln, die Amerikaner und Engländer hingegen haben die deutsche Sprache überlaufen. Wer überfremdet wen, und wer wehrt sich dagegen? Die Fronten sind nicht so eindeutig gezogen, wie manch ein Leitartikel glauben machen will.

Vor einiger Zeit, in einem jener chawls, in denen die meisten Bewohner Bombays zusammengepfercht leben, umarmte mich ein Fremder mit einem Lächeln, kaum hatte er vernommen, woher ich komme. Ich spreche Deutsch, sagte der Mann, ich habe ein wenig gelernt. Wieso? fragte ich erstaunt. Weil ich die Sprache liebe, es ist eine so schöne Sprache, erklärte er entwaffnend. Ich empfand Stolz. In einem indischen Armenviertel – fernab der Diskussionen über Leitkultur, Maßnahmenkatalog und Einbürgerungstest – beglückte mich, den Sprachpatrioten, dieses Kompliment sehr.

Warum lassen wir uns das gefallen?

Niemals würden Sie es anderen Menschen erlauben, in Ihren privaten Sachen zu schnüffeln, Sie zu bespitzeln oder zu belauschen. Was aber, wenn diese anderen Menschen den Staat oder die Wirtschaft repräsentieren? Ist Ihnen die totale Überwachung dann egal? Die Warnungen vor Terror und Kriminalität, die Annehmlichkeiten von Plastikkarten und Freundschaften im Internet lenken von einer Gefahr ab, die uns allen droht: dem transparenten Menschen. Bevor es so weit kommt, schlagen Juli Zeh und Ilija Trojanow mit einer engagierten Kampfschrift Alarm.

176 Seiten. Französische Broschur
Erscheint am 17. August 2009

www.ilija-trojanow.de
HANSER

Ilija Trojanow im dtv

»Trojanow überrascht, wo er nur kann.«
Der Spiegel

Der Weltensammler
Roman
ISBN 978-3-423-13581-8

Als Kundschafter der englischen Krone soll Burton in Britisch-Indien dienen – eine verlockende Aufgabe, die bald zur Obsession wird…

Nomade auf vier Kontinenten
Auf den Spuren von Sir Richard Francis Burton
ISBN 978-3-423-13715-7

Unterwegs auf den Spuren des sagenumwobenen Burton in Indien, Mekka, Sansibar und bei den Mormonen in Utah.

Die Welt ist groß und Rettung lauert überall
Roman
ISBN 978-3-423-13871-0

Alex' Eltern ertragen den Alltag unter der Diktatur in ihrem Heimatland nicht länger, und hinter dem Horizont lockt das gelobte Land…

Der entfesselte Globus
Reportagen
ISBN 978-3-423-13930-4

Faszinierende Berichte aus Afrika, Indien, Asien und Bulgarien.

Autopol
in Zusammenarbeit mit Rudolf Spindler
dtv premium
ISBN 978-3-423-24114-4

Bei der jüngsten Aktion seiner Widerstandsgruppe wird Sten geschnappt. Einmal zu oft. Er wird »ausgeschafft«, dorthin, von wo es kein Zurück gibt – nach Autopol.

Die fingierte Revolution
Bulgarien, eine exemplarische Geschichte
ISBN 978-3-423-34373-2

Seit dem Fall des Eisernen Vorhangs hat Trojanow Bulgarien regelmäßig besucht. Das Resümee: Die alte Nomenklatura wurde nie abgelöst, die Vergangenheit ist nicht bewältigt.

Ilija Trojanow und Juli Zeh
Angriff auf die Freiheit
Sicherheitswahn, Überwachungsstaat und der Abbau bürgerlicher Rechte
ISBN 978-3-423-34602-3

»In ihrer provokanten Streitschrift rufen Juli Zeh und Ilija Trojanow dazu auf, dem Ausverkauf der Privatsphäre den Kampf anzusagen.« (taz)

Bitte besuchen Sie uns im Internet: www.dtv.de

Wilhelm Genazino im dtv

»So entschlossen unentschlossen, so gezielt absichtslos,
so dauerhaft dem Provisorischen zugeneigt, so hartnäckig dem
Beiläufigen verbunden wie Wilhelm Genazino ist
kein anderer deutscher Autor.«
Hubert Spiegel in der ›Frankfurter Allgemeinen Zeitung‹

Abschaffel
Roman-Trilogie
ISBN 978-3-423-13028-8
Abschaffel, Flaneur und »Workaholic des Nichtstuns«, streift durch eine Metropole der verwalteten Welt und kompensiert mit innerer Fantasietätigkeit die äußere Ereignisöde seines Angestelltendaseins.

Ein Regenschirm für diesen Tag
Roman
ISBN 978-3-423-13072-1
Geld verdienen kann man mit den unterschiedlichsten Tätigkeiten. Zum Beispiel, indem einer seinem Bedürfnis nach distanzierter Betrachtung der Welt folgt; als Probeläufer für Luxushalbschuhe.

Eine Frau, eine Wohnung, ein Roman
Roman
ISBN 978-3-423-13311-1
Weigand will endlich erwachsen werden und die drei Dinge haben, die es dazu braucht: eine Frau, eine Wohnung und einen selbst geschriebenen Roman.

Fremde Kämpfe
Roman
ISBN 978-3-423-13314-2
Da die Aufträge ausbleiben, versucht sich der Werbegrafiker Peschek auf fremdem Terrain: Er lässt sich auf kriminelle Geschäfte ein...

Die Ausschweifung
Roman
ISBN 978-3-423-13313-5
›Szenen einer Ehe‹ vom minutiösesten Beobachter deutscher Alltagswirklichkeit.

Die Obdachlosigkeit der Fische
ISBN 978-3-423-13315-9
»Auf der Berliner Straße kommt mir der einzige Mann entgegen, der mich je auf Händen getragen hat. Es war vor zwanzig oder einundzwanzig Jahren, und der Mann heißt entweder Arnulf, Arnold oder Albrecht.«
Eine Lehrerin an der Schwelle des Alterns vergewissert sich einer fatal gescheiterten Jugendliebe inmitten einer brisanten Phase ihres Lebens.

Bitte besuchen Sie uns im Internet: www.dtv.de

Wilhelm Genazino im dtv

»Wilhelm Genazino beschreibt die deutsche
Wirklichkeit zum Fürchten gut.«
Iris Radisch in der ›Zeit‹

Achtung Baustelle
ISBN 978-3-423-13408-8
Kluge, ironisch-hintersinnige
Gedanken über Lesefrüchte
aller Art.

Die Liebesblödigkeit
Roman
ISBN 978-3-423-13540-5
und dtv großdruck
ISBN 978-3-423-25284-3
Ein äußerst heiterer und tiefsinniger Roman über das
Altern und den Versuch, die
Liebe zu verstehen.

Der gedehnte Blick
ISBN 978-3-423-13608-2
Ein Buch über das Beobachten
und Lesen, über Schreibabenteuer und Lebensgeschichten,
über Fotografen und über das
Lachen.

Mittelmäßiges Heimweh
Roman
ISBN 978-3-423-13724-9
Schwebend leichter Roman
über einen unscheinbaren Angestellten, der erst ein Ohr und
dann noch viel mehr verliert.

**Das Glück in glücksfernen
Zeiten**
Roman
ISBN 978-3-423-13950-2
Die ironische und brillante
Analyse eines Menschen, der
am alltäglichen Dasein verzweifelt. »Das Beste, was
Genazino bisher geschrieben
hat.« (Martin Lüdke in der
›Frankfurter Rundschau‹)

Bitte besuchen Sie uns im Internet: www.dtv.de

Rafik Schami im dtv

»Meine geheime Quelle ist die Zunge der anderen. Wer erzählen will, muß erst einmal lernen zuzuhören.«
Rafik Schami

Das letzte Wort der Wanderratte
Märchen, Fabeln und phantastische Geschichten
ISBN 978-3-423-10735-8

»Die Fortsetzung von ›Tausendundeiner Nacht‹ in unserer Zeit.« (Jens Brüning, Sender Freies Berlin)

Die Sehnsucht fährt schwarz
Geschichten aus der Fremde
ISBN 978-3-423-10842-3

Das Leben der Arbeitsemigranten in Deutschland: von Heimweh und Diskriminierung, Einsamkeit und Missverständnissen, von Behördenkrieg und Sprachschwierigkeiten – und von manch kleinem Sieg über den grauen Alltag.

Der erste Ritt durchs Nadelöhr
Noch mehr Märchen, Fabeln & phantastische Geschichten
ISBN 978-3-423-10896-6

Von tapferen Flöhen, einer einsamen Raupe, einem Schwein, das unter die Hühner ging und anderen wunderbaren Fabelwesen.

Das Schaf im Wolfspelz
Märchen & Fabeln
ISBN 978-3-423-11026-6

Märchen und Fabeln, die bunt und poetisch erzählen, was ein Schaf mit einem Wolfspelz zu tun hat und warum eine Zwiebel uns tatsächlich zum Weinen bringt.

Der Fliegenmelker
Geschichten aus Damaskus
ISBN 978-3-423-11081-5

Vom Leben der Menschen im Damaskus der 50er Jahre: Liebe und List, Arbeit und Vergnügen in unsicheren Zeiten.

Märchen aus Malula
ISBN 978-3-423-11219-2

Aus Malula, dem Heimatort von Rafik Schamis Familie, stammt diese Sammlung von Geschichten, die durch Zufall wiederentdeckt wurde.

Erzähler der Nacht
Roman
ISBN 978-3-423-11915-3

Salim, der beste Geschichtenerzähler von Damaskus, ist verstummt. Sieben seiner Freunde besuchen ihn Abend für Abend und erzählen die Schicksalsgeschichten ihres Lebens. Damit können sie Salim erlösen, denn er benötigt sieben einmalige Geschenke ...

Bitte besuchen Sie uns im Internet: www.dtv.de

Rafik Schami im dtv

Eine Hand voller Sterne
Roman
ISBN 978-3-423-11973-3 und
ISBN 978-3-423-21177-2
Über mehrere Jahre hinweg führt ein Bäckerjunge in Damaskus ein Tagebuch. Es gibt viel Schönes, Poetisches und Lustiges zu berichten, aber auch von Armut und Angst erzählt er.

Der ehrliche Lügner
Roman
ISBN 978-3-423-12203-0
Zauberhaft schöne Geschichten aus dem Morgenland, die Rafik Schami in bester arabischer Erzähltradition zu einem kunstvollen Roman verwoben hat.

Vom Zauber der Zunge
Reden gegen das Verstummen
ISBN 978-3-423-12434-8
Vier Diskurse über das Erzählen, wie sie lebendiger und lebensnäher nicht sein könnten.

Reise zwischen Nacht und Morgen
Roman
ISBN 978-3-423-12635-9
Ein alter Circus reist von Deutschland in den Orient. Ein Roman über die Hoffnung im Angesicht der Vergänglichkeit.

Gesammelte Olivenkerne
aus dem Tagebuch der Fremde
ISBN 978-3-423-12771-4
Mit kritischem und amüsiertem Blick auf das Leben in Arabien und Deutschland schreibt Schami in seinen kleinen Gesellschaftseinmischungen über eine Traumfrau, einen Müllsortierer, über Liebende oder Lottospieler.

Milad
Von einem, der auszog, um 21 Tage satt zu werden
Roman
ISBN 978-3-423-12849-0
Eine Fee verspricht dem armen Milad einen Schatz, wenn er es schafft, 21 Tage hintereinander satt zu werden.

Sieben Doppelgänger
Roman
ISBN 978-3-423-12936-7
Doppelgänger sollen für Rafik Schami auf Lesereise gehen, damit er in Ruhe neue Bücher schreiben kann…

Bitte besuchen Sie uns im Internet: www.dtv.de

Rafik Schami im dtv

Die Sehnsucht der Schwalbe
Roman
ISBN 978-3-423-**12991**-6 und
ISBN 978-3-423-**21002**-7

»Mein Leben in Deutschland ist ein einziges Abenteuer.« Und Lutfi aus Damaskus beginnt zu erzählen ... Ein Buch über Kindheit und Elternhaus, Liebe und Hass, Fürsorge und Missgunst und die Suche nach einem Ort der Geborgenheit.

Mit fremden Augen
Tagebuch über den 11. September, den Palästinakonflikt und die arabische Welt
ISBN 978-3-423-**13241**-1

Sehr persönlich und poetisch geschriebene Tagebuchaufzeichnungen von Oktober 2001 bis Mai 2002 – getragen von dem Wunsch nach einer friedlichen Aussöhnung zwischen Israelis und Palästinensern.

Die dunkle Seite der Liebe
Roman
ISBN 978-3-423-**13520**-7 und
ISBN 978-3-423-**21224**-3

Zwei Familienclans, die sich auf den Tod hassen und eine Liebe, die daran fast zerbricht. »Ein Meisterwerk. Ein Wunderding der Prosa, dessen Elemente gemischt sind aus Mythen und Mären, Fabeln, Legenden und einer wunderschönen Liebesromanze.« (Fritz J. Raddatz in ›Die Zeit‹)

Damaskus im Herzen
und Deutschland im Blick
ISBN 978-3-423-**13796**-6

Ernsthafte und unterhaltsame Betrachtungen eines syrischen Deutschen zwischen Orient und Okzident, ein Plädoyer für mehr Toleranz und das Buch, in dem sich Schamis persönliches und politisches Credo am leidenschaftlichsten ausdrückt.

Das Geheimnis des Kalligraphen
Roman
ISBN 978-3-423-**13918**-2

Die bewegende Geschichte des Damaszener Kalligraphen Hamid Farsi, der den großen Traum einer Reform der arabischen Schrift verwirklichen will und nicht merkt, in welche Gefahr er sich begibt. »Was für ein Buch ist das wieder einmal! Und was für ein Thema, das hinter alldem steht: das Aufbegehren – gegen die Unmöglichkeit der Liebe, gegen religiösen Hass und gegen die Intoleranz.« (Brigitte)

Bitte besuchen Sie uns im Internet: www.dtv.de

Vladimir Vertlib im dtv

»Vertlib ist ein bedächtiger Erzähler mit wachem Sinn für die Komik ernster Dinge, die heillose Verstrickung der Menschen in Konflikte, die sie nicht suchten; für die erbarmungslose Mechanik, die sie dabei in Gang setzen.«
Karl-Markus Gauß in ›Die Presse‹

Das besondere Gedächtnis der Rosa Masur
Roman
ISBN 978-3-423-13035-6
Die 90-jährige Rosa Masur erzählt ihr Leben: ein wunderbares Stück erlebte Geschichte Russlands im 20. Jahrhundert.

Zwischenstationen
Roman
ISBN 978-3-423-13341-8
Authentisch und exemplarisch für die Emigrationserfahrung im 20. Jahrhundert erzählt Vladimir Vertlib die Geschichte der Irrfahrten einer russisch-jüdischen Familie auf dem Weg in die erhoffte Freiheit.

Letzter Wunsch
Roman
ISBN 978-3-423-13439-2
Gabriel Salzinger versucht den letzten Wunsch seines Vaters zu erfüllen: ein Grab auf dem jüdischen Friedhof in Gigricht. Doch es gibt ein Problem: Jemand hat herausgefunden, dass der Vater nach orthodoxem Verständnis gar kein Jude war.

Mein erster Mörder
Familiengeschichten
ISBN 978-3-423-13634-1
Drei Lebensgeschichten, geprägt von Flucht und Unbehaustheit, die Vertlib zurückhaltend und klug von seinen Figuren erzählen lässt. »Dieses Buch lehrt mehr über Flüchtlingsschicksale als alle Ausstellungen.« (Verena Auffermann)

Bitte besuchen Sie uns im Internet: www.dtv.de